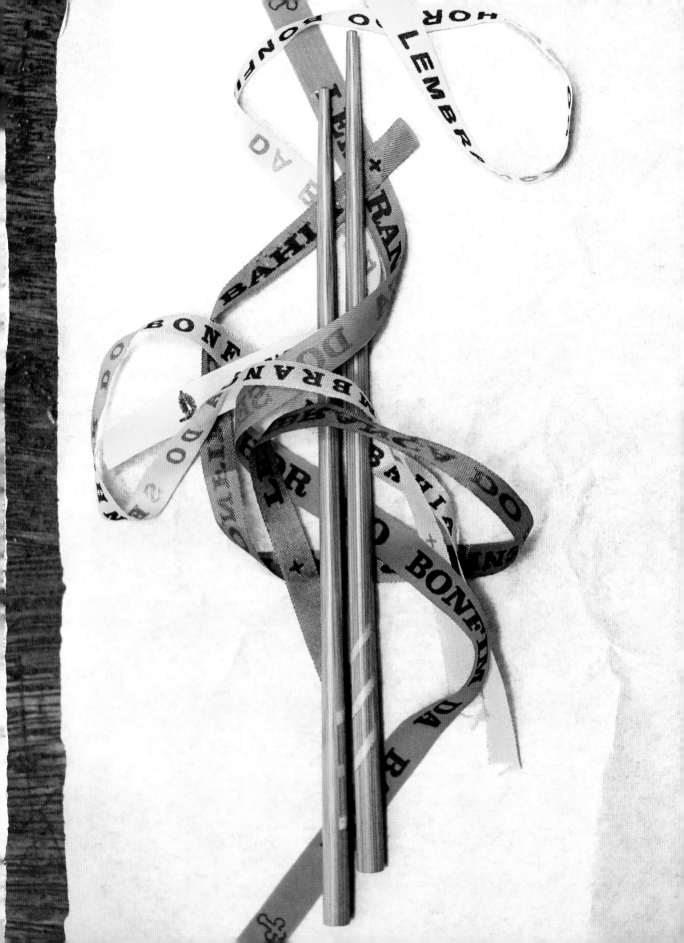

DEDICATORIA
A Dr. G., te debo todo.

C O C I N A
NIKKEI

Comida japonesa al estilo de América del Sur

LUIZ HARA

Fotografía de Lisa Linder

LAROUSSE

EDICIÓN ORIGINAL

Publisher: Jacqui Small
Senior Commissioning Editor: Fritha Saunders
Managing Editor: Emma Heyworth-Dunn
Project Manager and Editor: Nikki Sims
Design and Art Direction: Manisha Patel
Photographer: Lisa Linder
Food Stylist: Luiz Hara
Prop Stylist: Cynthia Inions
Production: Maeve Healy

Título: *Nikkei Cuisine. Japanese Food the South American Way*
Primera edición, 2015
Jacqui Small LLP
74-77 White Lion Street, London, N1 9PF

Copyright diseño y edición © Jacqui Small 2015
Copyright textos © Luiz Hara 2015, excepto:
    Páginas 28-29 © Toshiro Konishi 2015
    Páginas 42-43 © Jorge Muñoz y Kioki Li 2015
    Páginas 46-47 © Hajime Kasuga 2015
    Páginas 58-59 © Adriano Kanashiro 2015
    Páginas 70-71 © Tsuyoshi Murakami 2015
    Páginas 86-87 © Mitsuharu Tsumura 2015
    Páginas 152-153 © Diego Oka 2015
    Páginas 174-175 © Pedro Duarte 2015
    Páginas 186-187 © Jordan Sclare 2015
    Páginas 212-213 © Shin Koike 2015
Copyright páginas 12-13, © Ricardo Hara 2015

ISBN: 978 1 910254 20 2

EDICIÓN EN ESPAÑOL

Dirección editorial: Tomás García Cerezo
Editora responsable: Verónica Rico Mar
Coordinación de contenidos: Gustavo Romero Ramírez
Traducción: Ediciones Larousse, S.A. de C.V, con
    la colaboración de Montserrat Estremo Paredes
Formación: Visión Tipográfica Editores, S.A. de C.V. /
    Rossana Treviño Tobías
Corrección de formato: Adolfo Tomás López Sánchez
Portada: Ediciones Larousse, S.A. de C.V., con la colaboración
    de Nice Montaño Kunze

© 2016, Ediciones Larousse, S.A. de C.V.
Renacimiento 180, Colonia San Juan Tlihuaca,
Delegación Azcapotzalco, C.P. 02400, Ciudad de México
ISBN: 978-607-21-1589-7

Primera edición

Impreso en China

CONTENIDO

¿QUÉ ES LA COCINA NIKKEI?

Nikkei proviene de la palabra japonesa *nikkeijin*, la cual hace referencia a los migrantes japoneses de ultramar y sus descendientes, incluyéndome a mí y a mi familia. Por tanto, la cocina nikkei es la cocina de la diáspora japonesa. Estos migrantes se han encontrado con una variedad de culturas y contextos; sin embargo, en la mayoría de los casos han permanecido fieles a su cocina nativa con cierta adaptación local. La llamada comunidad nikkei ha adoptado los ingredientes de un nuevo continente para incorporarlos a su propia cocina, utilizando técnicas japonesas. Entonces, se podría decir que la cocina nikkei puede encontrarse en cualquier lugar donde haya migrantes japoneses y descendientes de ellos; sin embargo, por razones históricas, es en dos países donde se concentra el mayor número de ellos: Brasil y Perú, los cuales son particularmente reconocidos por su cocina nikkei.

Brasil es el país con la mayor población japonesa fuera de Japón; es ahí donde mis abuelos migraron cuando yo nací. Desde su llegada, los nikkei han contribuido enormemente con la agricultura al haber introducido en Brasil un gran número de frutas y verduras japonesas, así como con la mejora del cultivo de variedades nativas; hasta la fecha este trabajo se sigue haciendo. A su llegada a este país de Sudamérica, su mayor desafío fue adaptarse a una nación que adora el consumo de carne. Su respuesta, gracias a la gran cantidad de migrantes, fue rápidamente instalar una producción artesanal de tofu, salsa de soya, *miso* y hasta fideos udon para satisfacer las necesidades de la comunidad recién llegada. Perú cuenta con una población nikkei similar a la de Brasil. Comparte con Japón algunas especies de animales marinos, pues ambos tienen una línea costera que colinda con el océano Pacífico. Con una agricultura nativa y una herencia culinaria bastante sólidas, Perú ha sido el crisol para desarrollar una vibrante cultura culinaria nikkei. En sus platillos nikkei se utilizan abundantemente las especies marítimas traídas a la costa por la corriente Humboldt, así como ajíes, limón, maíz y yuca, sin mencionar las más de 3,000 variedades de papas.

Podemos afirmar que en Brasil los nikkei perfeccionaron considerablemente los métodos agrícolas e introdujeron al grueso de la población a las auténticas comidas japonesa y nikkei a través de los restaurantes, los cuales actualmente sobrepasan en número tanto a las churrasquerías brasileñas, como a las pizzerías. En este país, la comida callejera japonesa también es muy popular gracias a la oferta de *gyozas* fritas, *yakisoba* y *takoyaki*, solo por mencionar algunas especialidades. En contraste, en Perú los nikkei expandieron masivamente el repertorio utilizado de pescados provenientes del Pacífico y mejoraron los métodos de preparación de platillos nacionales populares; por ejemplo, el ceviche. Asimismo, introdujeron nuevas formas de preparar el pescado, como el tiradito.

Migración japonesa a América del Sur: una historia resumida

La primera ola migratoria japonesa ocurrió en la Restauración Meiji. Después de 300 años de un aislamiento casi total con el mundo exterior, en 1868 Japón fue testigo de una apertura a la migración tanto al interior como al exterior del país. Las importantes modificaciones en este periodo terminaron con el feudalismo, el cual se mantuvo durante cientos de años, y acarrearon efectos negativos en la economía, particularmente en las áreas rurales. Una segunda ola migratoria sucedió posterior a las guerras sino-japonesa (1894-95) y ruso-japonesa (1904-05), periodos en los cuales el país tuvo dificultades para reabsorber a los soldados que regresaban de combate. Por ello, un gran número

de ciudadanos japoneses decidieron buscar una nueva vida en ultramar. Entonces, el gobierno de Japón entró en acuerdos con otras naciones, incluyendo Brasil y Perú, para alentar y apoyar la migración de sus propios ciudadanos.

Transcurridos 50 años desde el comienzo de la migración japonesa, alrededor de un millón de japoneses estaban fuera de su país. Los destinos principales fueron Brasil, Hawái y Manchuria (recibiendo al 25% de la población migrante cada uno); el resto se repartió en varias partes del mundo, como en Perú, donde llegó el 4% del total. La mayoría de los japoneses que migraron hacia Hawái lo hicieron antes de que este país fuera anexado a Estados Unidos de América; después de esto, se desplazaron hacia California. Muchos de los que migraban tenían una mejor educación que aquellos que se quedaban en Japón; asimismo, gran parte de ellos dejaron sus hogares soñando con hacer fortuna en América, donde en el continente sur las oportunidades disponibles eran en labores agrícolas de cultivo de azúcar en Perú, y de café en Brasil.

La primera embarcación con el objetivo de trasladar personas desde Japón hacia Perú fue el *Sakura Maru*, que llegó a Callao en 1899. Nueve años después llegaron a Santos, Brasil, los primeros 781 hombres, mujeres y niños japoneses a bordo del *Kasato Maru* con la intención de solucionar la crisis de mano de obra que sufría la agricultura del café causada por la abolición de la esclavitud en Brasil en 1888. En Japón, campañas publicitaban oportunidades en Brasil y prometían grandes ganancias a todos aquellos que quisieran trabajar en las fincas cafetaleras. El largo viaje desde Japón a Brasil con una duración de 52 días, desde Kobe hacia São Paulo, era subsidiado por el gobierno de Brasil. Esto resultaba sumamente atractivo para los trabajadores japoneses que buscaban mejores condiciones de vida fuera de su país natal. Sin embargo, trabajadores recién llegados pronto descubrieron condiciones laborales más duras de las que esperaban, semejantes a aquellas sufridas por los nuevos esclavos libres. Aunque los migrantes japoneses habían sufrido de condiciones de austeridad, no se comparaban con las que se enfrentaron en Brasil.

De acuerdo con la obra de Tomoo Handa *Los inmigrantes japoneses: historia de sus vidas en Brasil*, hacia 1912 más de 60% de los nikkei habían abandonado las fincas para instalarse en las ciudades en busca de mejores condiciones de vida y de empleo en profesiones similares a las suyas. Muchos se instalaron en el vecindario de Liberdade en São Paulo e instalaron lo que posteriormente se convirtió en la gran cantidad de restaurantes que existen ahora en esa área. Una gran parte de migrantes japoneses en Brasil y Perú imaginaban que su estancia en tales países sería temporal; tenían la idea de lograr prosperidad antes de regresar a casa. Pero para muchos no fue así. La llegada de la Segunda Guerra Mundial, con el resultado negativo para Japón, provocó que la gran mayoría de los migrantes considerara a América del Sur como su nuevo hogar permanente.

Mi familia: una historia de migración

Mi abuelo Takeshi Hara era oficialmente estadounidense, nacido en 1907 de padres japoneses en Hawái. Llegó con sus padres a Brasil siendo un niño, por lo cual acogió a su nuevo país adoptivo como suyo. Se enamoró del estilo de vida sudamericano, tanto, que huyó con una uruguaya antes de que su escandalizada familia lo enviara a una comunidad agrícola japonesa al interior de São Paulo para corregir sus acciones. Fue allí donde conoció a mi abuela Seki Suzki. Nacida en 1912 en Fukuoka en la isla japonesa Kyushu, fue llevada a Brasil en 1927 a la edad de 15 años por una tía que migraba con toda su familia y que requería de más personas para que saliera su barco. Le prometieron que sería rápidamente enviada de regreso con su familia en Japón; sin embargo, mi abuelo y el amor hicieron lo suyo, y Brasil se convirtió en su nuevo hogar.

Después de perder su finca cafetera debido a una severa helada, mis abuelos migraron a la ciudad de São Paulo y abrieron una tienda de frutas y verduras con su familia, incluido mi padre, Yasuo Hara. Él, uno entre siete hijos, era un emprendedor nato, y pronto se dio cuenta de que las frutas y las verduras no le darían las ganancias con las que soñaba. Entonces compró un automóvil, un Beetle, aprendió a conducirlo y comenzó con su primera carrera como vendedor viajero, comprando y vendiendo relojes por todo el sur de Brasil. Fue en esta etapa de su vida que conoció a mi madre, Ana-María Saladini, en el estado de Paraná. Regresaron a São Paulo, se instalaron ahí abriendo una joyería y comenzaron su propia familia: mis hermanas, Jacqueline y Patricia; yo, y finalmente, mi hermano Ricardo.

Cuando el matrimonio de mis padres terminó, mis hermanos y yo nos quedamos con mi padre y fuimos criados por mi abuela japonesa y mi tía Yoshiko Hara; afortunadamente ambas eran excelentes cocineras. Durante este periodo comenzó mi interés por la cocina nikkei gracias a la cocina de mi abuela en casa y a las visitas que realizaba con mi padre a los restaurantes japoneses en el barrio Liberdade. En aquel entonces yo tenía pocos conocimientos acerca de la cocina, pero estas experiencias culinarias fueron formativas de mi vida futura.

A los 19 años viajé a Londres como parte de la licenciatura en administración hotelera por la universidad de Brasil. Se suponía que al año siguiente debería regresar a Brasil para continuar con mis estudios, pero conocí a mi socio inglés, y como mi abuela algunos años atrás, no regresé a mi país de origen. Después de cursar una licenciatura en negocios en la universidad de Londres, trabajé durante 10 años en el área de finanzas y banca de inversión. Durante ese periodo comencé a escribir el blog *The London Foodie* como una plataforma creativa para mis antojos gourmands. Escribir el blog me llevó a renunciar a mi empleo para poder ingresar al Cordon Bleu y fundar el club de cocina japonesa y nikkei en mi casa en Londres en el 2012.

Vida moderna nikkei

Actualmente la comunidad nikkei más numerosa se concentra en Brasil, en los estados de São Paulo y Paraná; está completamente integrada a la sociedad, y los matrimonios interraciales, como el de mis padres, son comunes. La migración japonesa continúa actualmente, pero en menor cantidad. La segunda comunidad nikkei más numerosa en América del Sur se encuentra en Perú, concentrada en la ciudad de Lima, pero con una cantidad significativa en el norte donde ocurrieron las primeras migraciones, incluyendo las ciudades de Trujillo, Huancayo y Chiclayo. Esta comunidad ha tenido un impacto sustancial en Perú, incluyendo la esfera política. Por ejemplo, en 1990 Alberto Fujimori fue la primera persona asiática en ser elegida como presidente de un país fuera de Asia y reelegido en 1995. En Brasil y Perú los nikkei

son los que tienen mejor educación y los más adinerados de entre todas las comunidades que conforman en ambos países la mezcla cultural hoy en día. Son sobresalientes en varias esferas profesionales, en la agricultura, el comercio y las finanzas.

Cocina nikkei, ¿cómo comenzó?

Los japoneses se sorprendieron con la comida al llegar a América del Sur. Procedían de una nación donde la matanza de ganado estuvo prohibida hasta 1872; por tanto, su dieta se basaba en el consumo de pescado, algo muy distinto a lo que encontraron en Brasil. La cocina brasileña en aquel momento era rica en manteca de cerdo, mandioca y maíz. La única similitud culinaria era la afición de los brasileños por el arroz, aunque los japoneses se sorprendieron al verlo frito con manteca de cerdo y mezclado con frijoles, estos últimos, sólo empleados por ellos para hacer postres. No había pescado fresco en el campo brasileño y la carne disponible en las plantaciones era carne seca, la cual resultaba poco apetecible para los recién llegados. También tuvieron que sustituir su bebida más amada, el té verde, por un café cargado.

Los nikkei tuvieron que modificar muchas cosas para ajustar a su nuevo estilo de vida. Aprovecharon las variedades nativas de frutas y verduras y comenzaron a tomarle aprecio a la carne roja y a las aves. En sus hogares utilizaron los nuevos ingredientes para crear sus propias versiones de los platillos que disfrutaban en Japón. Así, la cocina nikkei nació a inicios del siglo xx en los hogares de los inmigrantes japoneses ante su necesidad de alimentarse. Estos inmigrantes no se aislaron, sino que tuvieron un impacto en la comida y la agricultura de sus países anfitriones. En Brasil introdujeron un número importante de frutas y verduras nativas de Japón, incluyendo la bien amada calabaza *kabocha*, el pérsimo (llamado *kaki* en Japón y en Brasil) y el *poncã* (una variedad de mandarina japonesa). También ayudaron a hacer más eficiente el cultivo de un gran número de vegetales brasileños, de los cuales, muchos nunca habían sido cultivados de manera comercial.

Con la apertura en Sudamérica de fábricas multinacionales japonesas en las décadas de los años setentas y ochentas, como Toyota, Mitsubishi y Panasonic, una nueva ola de trabajadores de aquel país llegó para dirigir las operaciones de dichas empresas. Asimismo, muchos chefs, incluido al renombrado Nobu Matsuhisa, fueron reclutados desde Japón para cocinarle a esta nueva ola migratoria y para enseñarles a los cocineros nikkei técnicas de cocina japonesas. Otros chefs japoneses de renombre que arribaron en aquella época fueron Toshiro Konishi en Lima, y Takamoto Hachinohe en São Paulo. Aunque ellos eran chefs profesionales que ejercían su profesión en Japón, a su llegada a América del Sur se dieron cuenta de lo complicado que era importar muchos de los ingredientes desde Japón, si no es que imposible en algunas ocasiones; así, una vez más fue necesario adoptar y adaptar algunos de los ingredientes locales. Así fue como la cocina nikkei salió de los hogares y se instaló en los restaurantes. Estos chefs añadieron un toque de sofisticación a la cocina nikkei y lo transmitieron a la actual generación de chefs nikkei, los cuales han llamado la atención internacional.

Cocina nikkei contemporánea

Hoy, en Brasil y en Perú la cocina nikkei va ganando popularidad y se disfruta en los hogares y en los restaurantes, tanto por la población nikkei como por los locales. En São Paulo, el chef nikkei Tsuyoshi Murakami, galardonado con una estrella

Michelin, encabeza uno de los restaurantes más codiciados en la ciudad, así como Adriano Kanashiro en Momotaro, cuyo sushi de *foie gras* y atún se ha convertido en una leyenda. *Shin Koike* de Aizome, un japonés que migró en el año de 1994, ha sido una gran inspiración para mí y ha sido pionero en el uso de frutas y verduras nativas del Amazonas en su cocina nikkei. En Lima, Mitsuharu Tsumura de Maido (posicionado número 5 en la lista San Pellegrino® 2015 de los Mejores restaurantes en Latinoamérica) ofrece quizá la expresión más sofisticada de cocina nikkei en Perú. Toshiro Konishi, considerado por muchos el padre de la cocina nikkei peruana, es uno de los chefs más celebrados en el país. Hajime Kasuga es un profesor de cocinas nikkei y japonesa en la prestigiada escuela de cocina Cordon Bleu de Lima, y es un verdadero embajador de ellas.

Hoy día la cocina nikkei va ganando terreno fuera de América del Sur. Restaurantes con esta comida han abierto sus puertas por toda Europa y Estados Unidos de América, tal vez reflejando un incremento en el gusto de las cocinas peruanas y brasileñas en las que la cocina nikkei ha tenido una influencia importante. En Londres están restaurantes como Chotto Matte y el Sushi Samba. En Barcelona, Albert y Ferrán Adrià del extinto El Bulli, abrieron su propio restaurante de cocina nikkei, Pakta, del cual recibieron críticas favorables. En Miami, en el hotel Mandarin Oriental, el restaurante La mar es dirigido con grandes elogios por el chef nikkei Diego Oka.

La palabra con "f"

Es imposible escribir sobre cocina nikkei, la cual combina cocina japonesa y elementos sudamericanos, sin considerar la palabra temida por muchos: fusión. Para muchos puristas de la alimentación la fusión es un anatema; particularmente, cuando se habla de cocina japonesa (*washoku*), la cual ha sido adherida por la UNESCO en su lista de patrimonios culturales. Debo decir que la cocina japonesa es una de mis favoritas, y a mí me resultaría molesto que fuera manipulada sin ningún tipo de razonamiento. Por otro lado, la cocina nikkei es producto de la migración y la adaptación, creada hace mas de 100 años en América del Sur. Tuvo su origen en la necesidad, y es parte de la historia de mi familia y de millones de personas como yo; así que, a diferencia de las comidas de moda, llegó para quedarse.

Para aquellos que ondean la bandera de la autenticidad, puede sorprenderles saber que la cocina japonesa en sí misma ha sido influenciada por muchos países, como Portugal, China o Estados Unidos de América. El tempura, por ejemplo, ese amor por la comida rebozada y frita en Japón, fue introducido por los portugueses en el siglo XVI. La palabra para pan en japonés, que se pronuncia de la misma forma, deriva del portugués *pão*. De china, las principales importaciones fueron el ramen, las *gyozas* y el *mabo doufu*, todos ellos considerados actualmente como la quintaesencia de la cocina japonesa. Hoy en día, la cocina *washoku* es una cocina en constante evolución. El amor de los japoneses por la res marmoleada, el atún y el salmón, son fenómenos relativamente recientes, así como el gusto por los lácteos, incluyendo el queso y la crema espesa; con el tiempo la población con intolerancia a la lactosa ha disminuido. Asimismo, no es poco común encontrar rollos California en los menús de los restaurantes japoneses, sin mencionar el aumento en el gusto de los alimentos picantes, los curries y los vinos japoneses.

Combinaciones no pensadas de distintas cocinas pocas veces son exitosas. Como lo dijo Toshiro Konishi: "para crear platillos nikkei es importante conocer la cultura alimentaria, tanto la japonesa como la sudamericana; incorporar únicamente salsa de soya y *miso* a un platillo latinoamericano y llamarlo nikkei es una violación". Mientras que para Mitsuharu Tsumura, "sin ese entendimiento, la fusión se convierte en confusión". Tsuoshi Murakami opina que "la cocina japonesa no puede ser completamente recreada fuera de Japón, y algunas modificaciones son necesarias". Yo estoy completamente de acuerdo.

Cocinando comida nikkei en casa: cómo utilizar este libro

En muchos hogares nikkei, las cocinas japonesa, nikkei y local van de la mano, y sería imposible considerar una sin hacer referencia a la otra. En nuestro hogar nikkei en Brasil, y ahora en Inglaterra, adoptamos la filosofía de la cocina *washoku* de proveer una comida balanceada, no solo en términos nutricionales, sino también considerando otros aspectos, como el sabor, los métodos de cocina utilizados, el color y la presentación. Uno de los resultados de este método es que la variedad ofrecida permite saciarse sin excederse; mi propuesta en este libro es similar.

Quise proponer una selección variada de recetas que le permitirán diseñar un menú en el que podrá incorporar diferentes colores, sabores y métodos de cocción. Una comida nikkei equilibrada tendrá como entrada dos o tres pequeñas porciones de distintos platillos, incluidos la sopa y pescado crudo, ya sea como tiradito o sashimi; le seguirán un platillo más sustancioso de pescado o carne, acompañado de arroz y vegetales, para terminar con un postre dulce y refrescante. Este enfoque es un poco diferente a un menú de cocina japonesa tradicional, donde el arroz y la sopa se servirían al final de la comida.

No existen reglas severas aquí. En mi club por ejemplo, me gusta servir hasta diez platillos pequeños en una sola comida, en ocasiones sin incluir un plato fuerte. En casa con mis amigos, me gusta que nos reunamos alrededor de un caldo caliente y acompañarlo con una variedad de ingredientes. Alternativamente, muchos de los platillos en este libro se pueden servir como entrada o como plato fuerte si se trata de una comida occidental. Sin importar cuál sea su perspectiva, la finalidad de este libro es suministrarle la confianza y el conocimiento para cocinar comida nikkei en su hogar y para experimentar con una cocina novedosa y emocionante.

¡Diviértase cocinando!

ENTRADAS

Todo mundo adora las hamburguesas; en esta receta combiné algunos de mis sabores favoritos para crear una versión nikkei: suave carne de res, untuoso *foie gras* y *kimchi* picante. Un pan brioche con mucho sabor a mantequilla es el acompañamiento perfecto para el *foie gras*; a mí me gusta tostar ligeramente los bollos en el sartén que utilicé para cocer el *foie* de esta forma absorbe la deliciosa grasa que el *foie* perdió en el sartén. Además, si le gusta aprovechar al máximo, esta preparación le encantará, pues utilizará carne de las Costillas estofadas en salsa de soya, sake y azúcar mascabado; si prepara esa receta, ¡aproveche para disfrutar ésta también!

HAMBURGUESITAS DE COSTILLAS CON FOIE GRAS
Y MAYONESA DE KIMCHI

RENDIMIENTO: 4 PORCIONES

4 costillas de res cocidas
   a fuego lento (ver pág. 158)
1 bloque de *foie gras* de 100 g
50 g de *kimchi* encurtido,
   drenado + 4 trozos
   de 2.5 cm
25 g de *mayoneizu*
   (ver pág. 232)
¼ de cucharadita de *shichimi*
1 cucharada de aceite
   de girasol
4 bollos de pan tipo brioche
   tamaño canapé
2 hojas de lechuga romana,
   cortadas en 4 trozos
2 cucharadas de hojas
   de cebolla cambray cortadas
   en rodajas delgadas
sal y pimienta al gusto
4 brochetas de bambú
   para presentar

Corte las costillas en 4 rebanadas de 1.5 centímetros de grosor, del mismo ancho que los bollos de pan. Precaliente el horno a 60 °C.

Corte el *foie gras* en 4 trozos de 2 centímetros de grosor y casi del mismo ancho que los bollos de pan. Resérvelos en refrigeración.

Pique los 50 g de *kimchi* encurtido y escurra el exceso de líquido en caso de ser necesario. Mézclelo con la *mayoneizu* y añada sal al gusto y el *shichimi*. Reserve.

Ponga sobre fuego medio un sartén antiadherente con el aceite de girasol; cuando se caliente, fría las rebanadas de costilla por ambos lados durante algunos minutos. Colóquelas en una charola para hornear y resérvelas dentro del horno.

Retire el exceso de grasa del sartén con papel absorbente, colóquelo sobre el fuego, y cuando esté bien caliente, dore los trozos de *foie gras* por no más de 30 segundos por cada lado; salpiméntelos al gusto. Colóquelos en un plato y resérvelos calientes.

Corte los bollos por la mitad a lo ancho y dórelos por ambos lados en el sartén donde doró el *foie gras*.

Distribuya sobre las bases de los bollos los trozos de hoja de lechuga y los 4 trozos de *kimchi*; agregue encima 1 cucharadita de la mayonesa de *kimchi*; después, ponga encima las rebanadas de costilla, los trozos de *foie gras* y las rodajas de hojas de cebolla cambray. Cubra todo con las tapas de los bollos e inserte en el centro de cada hamburguesa las brochetas de bambú. Sirva.

Nota. Si desea que los trozos de *foie gras* no pierdan su grasa al dorarlos en el sartén, hágalo con un soplete de cocina.

Elaborados con una pasta sumamente delgada, rellenos de una gran variedad de preparaciones saladas y dulces y fritos a profundidad, los *pastéis* son más ligeros y crujientes que las empanadas. Se cree que fueron creados cuando los inmigrantes japoneses comenzaron a freír *gyozas* (*dumplings* japoneses) para venderlas como botanas en los mercados callejeros de frutas y verduras, conocidos en Brasil como *feiras*. En dichos mercados, los puestos de *pastéis* son dirigidos normalmente por familias nikkei y sus delicias son la recompensa de todos los clientes después de una mañana de compras. Los sabores más comunes son jamón y queso, pollo deshebrado con queso crema, y carne molida de res y cerdo con huevo cocido; sin embargo, mis favoritos son los que presento en esta receta. La pasta para *gyozas* funciona muy bien para prepararlos. Son excelentes para servirlos como entrada o acompañados con una cerveza.

PASTÉIS DE POLLO, QUESO CREMA Y ACEITUNAS VERDES

RENDIMIENTO:
30–40 *PASTÉIS* PEQUEÑOS

450 g de pechuga de pollo
   sin piel ni hueso
1 cucharada de caldo de pollo
   en polvo
2 cucharadas de aceite
   de girasol + cantidad
   suficiente para freír
1 cebolla blanca mediana
   picada finamente
3 cebollas de primavera
   o cebollas cambray tiernas
   con hojas, picadas
2 dientes de ajo aplastados
1 cucharadita de orégano
   seco triturado
1 cucharada de fécula de maíz
2 cucharadas de puré o pasta
   de tomate
el jugo de ½ limón
4 cucharadas de perejil picado
250 g de cuadros de pasta
   para *gyozas*
100 g de queso crema
20-30 aceitunas verdes
   sin semilla, cortadas
   por la mitad a lo largo
sal y pimienta al gusto
gajos de limón al gusto
salsa Tabasco® o similar,
   al gusto

Ponga en una olla la pechuga de pollo con el caldo de pollo en polvo y cúbrala con agua. Coloque la olla sobre el fuego; cuando el agua hierva, baje el fuego y deje cocer la pechuga durante 5 minutos. Retire la olla del fuego y deje reposar la preparación tapada durante 10 minutos. Saque la pechuga de pollo del caldo y reserve ambos por separado. Cuando se haya enfriado la pechuga de pollo, deshébrela y resérvela en refrigeración.

Acitrone la cebolla blanca y las cebollas de primavera en un sartén con las 2 cucharadas de aceite, hasta que estén suaves. Añada los dientes de ajo, el orégano y la fécula de maíz; mezcle bien y agregue el puré o la pasta de tomate junto con 1 taza del caldo de pollo que reservó. Baje el fuego y mezcle constantemente hasta que la preparación espese ligeramente. Finalmente, agregue el pollo deshebrado y mezcle bien; añada un poco más de caldo en caso de que la preparación esté muy seca. Retire la preparación del fuego e incorpore el jugo de limón, el perejil picado y salpimiente al gusto.

Coloque un cuadro de pasta para *gyozas* en una superficie plana. Ponga al centro 1 cucharada de la preparación de pollo, ½ cucharadita de queso crema y 1 mitad de aceituna. Humedezca toda la orilla del cuadro de pasta con un poco de agua, dóblelo por la mitad sobre sí mismo y presione las orillas con un tenedor. Repita este paso con el resto de los cuadros de pasta y de los ingredientes.

Ponga sobre el fuego una olla con suficiente aceite para freír; cuando éste alcance una temperatura de 180 °C, fría en tandas los *pastéis* hasta que se doren por ambos lados. Colóquelos sobre papel absorbente y sírvalos calientes acompañados con gajos de limón y salsa picante al gusto.

PASTÉIS DE JAMÓN, QUESO Y JITOMATE

En lugar de rellenar los *pastéis* con la preparación de pollo, rellénelos con 1 cubo de queso mozzarella, un poco de jamón picado, ½ rebanada de jitomate, un poco de orégano seco triturado y sal y pimienta al gusto.

Desde que era niño me encantan las palomitas de maíz, y en mis años de universidad fueron mis aliadas durante mis noches de estudio; hoy en día siguen siendo un placer culposo. Son una botana muy versátil a la que se le pueden añadir distintos sabores: *shichimi* o *wasabi* para hacerlas picantes; pimienta y caramelo para aquellos con un paladar dulce; *miso* rojo en polvo para un sabor salado y bien equilibrado, tipo umami; o con *matcha* y sal para obtener un sabor completamente novedoso. Son muy fáciles de hacer y combinan muy bien con cualquier aperitivo.

PALOMITAS DE MAÍZ DE CINCO FORMAS

RENDIMIENTO: 2 PORCIONES

Sabor *shichimi*
2 cucharadas de aceite
   de girasol
½ taza de maíz palomero
3 cucharadas de mantequilla
1 cucharadita de sal
1 cucharada de *shichimi*

SABOR *SHICHIMI*

Ponga sobre el fuego una olla con el aceite de girasol, cuando comience a humear, agregue el maíz palomero y tape la olla. Las palomitas comenzarán a reventar después de tapar la olla y durante algunos minutos; cuando haya un lapso de entre 1 y 2 segundos en los que no se escuche que revienta alguna palomita, apague el fuego y deje reposar las palomitas ta-padas hasta que ya no se escuche que reviente ninguna.

Transfiera las palomitas a un tazón. Derrita la mantequilla en la misma olla donde coció las palomitas hasta que comience a formar burbujas; viértala sobre las palomitas y mezcle bien.

Sazone con la sal y el *shichimi* y mezcle bien. Pruebe y rectifique, si es necesario, la cantidad de sal y de *shichimi*. Sirva.

Sabor *wasabi* picante
2 cucharadas de aceite
   de girasol
½ taza de maíz palomero
3 cucharadas de mantequilla
½ cucharadita de sal
1 cucharada de sal de *wasabi*

SABOR *WASABI* PICANTE

Siga el mismo procediendo de elaboración de las palomitas sabor *shichimi*, sustituyendo el *shichimi* por la sal de *wasabi*.

Sabor ajonjolí negro y caramelo
2 cucharadas de aceite
   de girasol
½ taza de maíz palomero
300 g de azúcar glass
50 g de mantequilla
⅓ de taza de ajonjolí negro
   tostado

SABOR AJONJOLÍ NEGRO Y CARAMELO

Siga el primer paso del procedimiento de elaboración de las palomitas sabor *shichimi*.

Ponga sobre el fuego un sartén grande con el azúcar glass y deje que se funda hasta que obtenga un caramelo claro. Añada la mantequilla y mezcle constantemente con una cuchara de madera hasta que obtenga un caramelo cremoso y homogéneo. Agregue el ajonjolí y méz-clelo bien. Finalmente, incorpore las palomitas de maíz y mezcle hasta cubrirlas bien con el caramelo.

Transfiera las palomitas a un tazón y déjelas enfriar por completo. Rompa con un rodillo los bloques que se hayan formado al solidificarse el caramelo. Sirva.

Sabor *miso* rojo

2 cucharadas de aceite
  de girasol
½ taza de maíz palomero
3 cucharadas de mantequilla
½ cucharadita de sal
1½ cucharadas de polvo de
  miso rojo (ver pág. 241)

Sabor *matcha*

2 cucharadas de aceite
  de girasol
½ taza de maíz palomero
3 cucharadas de mantequilla
½ cucharadita de sal
1 cucharadita de sal de *matcha*

SABOR *MISO* ROJO

Siga el procedimiento de las palomitas sabor *shichimi*, sustituyendo el *shichimi* por el *miso* rojo en polvo. Pruebe y rectifique, si es necesario, la cantidad de sal y de *miso* rojo en polvo. Sirva.

SABOR *MATCHA*

Siga el procedimiento de las palomitas sabor *shichimi*, sustituyendo el *shichimi* por la sal de *matcha*. Pruebe y rectifique, si es necesario, la cantidad de sal y de sal de *matcha*. Sirva.

Pocas personas pueden resistirse a un crujiente pollo frito, ya sea un *frango* o un *passarinho* en Brasil o un *kara-age* en Japón. Para esta receta utilicé *shio kouji* (arroz fermentado en sal) para marinar el pollo y potenciar el sabor *umami*. Últimamente, el *shio kouji* ha ganado fama nuevamente como ingrediente en la cocina japonesa; aporta un sabor intenso a los alimentos, suaviza el pescado y las carnes rojas, además de tener beneficios a la salud. La raíz de loto, conocida en Japón como *renkon*, no es una verdura que se consuma diariamente en Occidente; sin embargo, si aún no la ha probado, encontrará que es un excelente sustituto de la papa cuando se trata de chips.

POLLO FRITO EMPANIZADO CON KOUJI

Y CHIPS DE RENKON CON ADEREZO DE NANBAN

RENDIMIENTO: 2 PORCIONES

Aderezo de *nanban*

¼ de taza de salsa de soya
¼ de taza de vinagre de arroz
½ cucharadita de azúcar
1 diente de ajo picado
   finamente
1 chile de árbol rojo sin venas
   ni semillas, picado

Pollo frito

4 cucharadas de *shio kouji*
2 cucharaditas de jengibre
   fresco rallado
2 dientes de ajo troceados
2 cucharaditas de salsa
   de soya
el jugo de 1 limón
500 g de muslos de pollo con
   piel, sin hueso y cortados
   en trozos de 2.5 cm
aceite para freír
⅓ de taza de harina de trigo
½ taza de fécula de maíz
½ cucharadita de sal
½ cucharadita de pimienta
   blanca molida

Chips de *renkon*

400 g de *renkon* o raíz de flor
   de loto limpia, y pelada
   si lo desea
400 ml de agua
1 cucharadita de vinagre
   de arroz
flor de sal, al gusto

Presentación

1 cucharadita de hojuelas
   de alga seca (*aonori*)

Aderezo de *nanban*

Mezcle todos los ingredientes en un tazón y reserve.

Pollo frito

Mezcle en un tazón el *shio kouji* con el jengibre rallado, los dientes de ajo, la salsa de soya y el jugo de limón. Revuelque en esta preparación los trozos de pollo hasta cubrirlos bien. Tape el tazón con plástico autoadherente y déjelo reposar en refrigeración entre 4 y 24 horas.

Ponga sobre el fuego una olla con suficiente aceite para freír los trozos de pollo a una temperatura de 160 °C.

Mezcle en un tazón la harina con la fécula de maíz, la sal y la pimienta blanca. Revuelque en esta mezcla algunos trozos de pollo hasta cubrirlos bien, sacúdales el exceso y fríalos durante 5 minutos o hasta que se doren uniformemente. Para este paso deberá enharinar los trozos de pollo justo antes de agregarlos al aceite; asimismo, deberá evitar agregar demasiados trozos de pollo al aceite para asegurar una fritura uniforme. Repita ese paso con el resto de las piezas de pollo y resérvelas sobre papel absorbente. Mantenga el aceite a una temperatura de 160 °C.

Chips de *renkon*

Corte el *renkon* con una mandolina o con un cuchillo filoso en rodajas de 5 milímetros de grosor. Mezcle en un tazón el agua con el vinagre de arroz y sumerja en ella las rodajas de *renkon*; déjelas reposar durante 5 minutos.

Drene las rodajas de *renkon* y retíreles el exceso de líquido con papel absorbente.

Rectifique que la temperatura del aceite donde frió los trozos de pollo esté a 160 °C; si no cuenta con un termómetro, sabrá que la temperatura es correcta si al sumergir una rodaja de *renkon* en el aceite, ésta sube a la superficie en un par de segundos. Fría algunas rodajas de *renkon* durante 4 minutos o hasta que se doren uniformemente por ambos lados. Repita lo anterior con el resto de las rodajas de *renkon*. Colóquelas sobre papel absorbente y espolvoréeles flor de sal al gusto.

Mezcle todos los ingredientes de la salsa *nanban* en un tazón. Sirva el pollo frito con la salsa *nanban* y los chips de *renkon* espolvoreados con las hojuelas de alga seca.

Presentación

Sirva el pollo frito con el aderezo de *nanban* y los *chips* de *renkon* espolvoreados con las hojuelas de alga seca.

Considerado por muchos como el padre de la cocina nikkei peruana, Toshiro Konishi es actualmente uno de los chefs más reconocidos en Perú. Konishi-san llegó a Lima en la década de los años setentas y se enamoró de los peruanos, de los increíbles ingredientes nativos de la tierra andina y del mar. Nunca regresó a vivir a Japón.

Fui muy afortunado en conocerlo en Perú y en probar su delicioso plato de *daikon*. Konishi-san es un personaje que sobrevive al tiempo; su risa contagiosa y su generosidad de espíritu hicieron que me agradara al instante en que lo conocí.

Cuando no se encuentra en la cocina de uno de sus dos reconocidos restaurantes: Toshiro's en San Isidro, Perú, o Toshiro Robatayaki, en Bogotá, se encuentra viajando por el mundo abogando por la cocina nikkei peruana o dando clases en la universidad de San Ignacio de Loyola en Lima, donde ejerce como profesor visitante de artes culinarias.

DAIKON NIMONO NIKU SABOR MISO AL ESTILO DE TOSHIRO

RENDIMIENTO: 4 PORCIONES

1 *daikon* o rábano japonés
  grande
2 l de agua
100 g de arroz de grano corto
1 l de *dashi* (1 litro de agua
  con 1 cucharadita de *dashi*
  en polvo)
100 ml de salsa de soya
100 ml de *mirin*
1 cuadro de alga *kombu*
  de 10 cm

Salsa

100 g de *miso* rojo (*inaka miso*)
½ taza de azúcar
½ taza de *sake*
2 yemas
2 cucharaditas de aceite
  de girasol
2 chiles jalapeños picados
  finamente
150 g de carne molida de res
100 g de cebollas de
  primavera o cebollas
  cambray tiernas con hojas,
  picadas + cantidad al gusto
  para decorar
1 cucharadita de aceite
  de ajonjolí
yuzu kosho al gusto
  (ver pág. 232)
ralladura de *yuzu* al gusto

Pele el *daikon* y córtelo en rodajas de 4 centímetros de grosor. Haga una incisión en la circunferencia de cada rodaja hacia el centro con una profundidad de 1 centímetro. Ponga sobre el fuego un sartén con el agua y el arroz; cuando el agua hierva, agregue las rodajas de *daikon* y déjelas cocer durante 5 minutos. Retírelas del agua. A este proceso de blanqueado del *daikon* se le conoce como *shitayude*, el cual ayuda a eliminarle cualquier sabor amargo u olor desagradable.

Coloque sobre fuego medio un sartén mediano que tenga tapa con el *dashi*, la salsa de soya, el *mirin*, el alga *kombu* y las rodajas de *daikon*; tape el sartén. Cuando el *dashi* hierva, baje el fuego al mínimo y deje cocer las rodajas de *daikon* durante 1 hora. Apague el fuego y déjelas reposar sin destapar el sartén.

Para la salsa, ponga sobre fuego medio un sartén pequeño con el *miso* rojo, el azúcar, el *sake* y las yemas. Mezcle constantemente con una pala de madera hasta que se formen burbujas en la superficie. Retire la preparación del fuego y resérvela.

Sofría en un sartén con el aceite de girasol el chile jalapeño, la carne molida y las cebollas de primavera hasta que la carne esté bien cocida.

Ponga a fuego bajo el sartén con la preparación de *miso* y yemas e incorpórele la mezcla de carne molida. Déjela cocer durante algunos minutos y añádale el aceite de ajonjolí y *yuzu kosho* al gusto.

Rectifique la cocción del *daikon*, insertando en el centro de una de las rodajas un cuchillo; éste deberá deslizarse muy fácilmente. En caso de que no suceda esto, cuézalas por más tiempo. Colóquelas en platos hondos individuales y báñelas con un poco de su propio líquido de cocción. Añada encima un poco de la salsa de *miso* y carne molida y decore con ralladura de *yuzu* al gusto.

Conocido en Inglaterra como *salt and pepper squid* (calamar con sal y pimienta), en Perú como chicharrón de calamar y en Brasil como lula frita, mi versión de este popular platillo utiliza pimienta *sansho*, uno de mis ingredientes japoneses favoritos. La pimienta *sansho* se obtiene de las vainas del fresno espinoso japonés. Para los nikkei este platillo debe ser crujiente, con una textura suave; yo pienso que combinado con este condimento japonés intensamente aromático, se convierte en un platillo ganador. Me encanta acompañarlo con una cerveza bien fría.

CALAMAR CON SAL Y PIMIENTA SANSHO

RENDIMIENTO: 2 PORCIONES

Mezcla de sal y pimienta
½ cucharadita de pimienta
  sansho
½ cucharadita de pimienta
  negra molida
½ cucharada de flor de sal
  o de sal de mar

Calamar
2 cucharadas de aceite
  de girasol + cantidad
  suficiente para freír
1 chile jalapeño rojo sin
  semillas ni venas, rebanado
2 cebollas de primavera
  o cebollas cambray tiernas
  con hojas, rebanadas
  finamente
200 g de calamares limpios,
  sin cabeza ni tentáculos
75 ml de agua
¼ de taza de harina de trigo
1 pizca de polvo para hornear
¼ de taza de fécula de maíz
¼ de taza de fécula de papa
½ cucharadita de ajonjolí
  negro
2 gajos de limón

Combine en un tazón todos los ingredientes de la mezcla de sal y pimienta y reserve.

Sofría en un sartén, con las 2 cucharadas de aceite de girasol, el chile jalapeño y las cebollas de primavera hasta que se suavicen. Retírelos del aceite y resérvelos sobre papel absorbente.

Corte el cuerpo de los calamares a lo largo por uno de sus lados para abrirlos en forma de rectángulo. Realice algunas incisiones a lo largo de los calamares, pero sin atravesarlos; posteriormente, corte los calamares en tiras de 1.5 centímetros de grosor.

Ponga sobre el fuego una olla con suficiente aceite para freír las tiras de calamares a una temperatura de 180 °C.

Mezcle en un tazón el agua con la harina de trigo y el polvo para hornear. Sumerja las tiras de calamar en esta mezcla, cúbralos bien con ella y déjelos escurrir sobre una rejilla.

Mezcle en otro tazón las féculas de maíz y de papa y revuelque en esta mezcla las tiras de calamar para cubrirlas bien. Sacúdalas para retirar el exceso de fécula y fríalas en dos tandas durante 1 minuto. Sáquelas del aceite y colóquelas sobre papel absorbente para retirarles el exceso de aceite.

Revuelque los calamares fritos en la mezcla de sal y pimienta para cubrirlos bien; agregue el sofrito de chile jalapeño con cebollas de primavera, así como el ajonjolí negro. Mezcle bien y sirva los calamares acompañados con gajos de limón.

Uno de los platillos más populares en Japón es el *tamagoyaki*, un rollo de varias capas de *omelette*, y uno de los preferidos para formar parte de un *bento*. Se puede comer como parte de un sushi o como refrigerio y, en la cocina nikkei, como guarnición de otros platillos. Prepararlo requiere de una técnica un tanto compleja, pero ¡no se desanime!, como en el caso de las crepas, la práctica hace al maestro, y una vez que domine la técnica no podrá dejar de prepararlo. Con una receta básica presento tres versiones: natural, con *foie gras* y con cangrejo.

TAMAGOYAKI, TRES VERSIONES
NATURAL, CANGREJO Y FOIE GRAS

RENDIMIENTO:
   6 PORCIONES / 3 ROLLOS

Mezcla de *tamagoyaki*
18 huevos
2 cucharaditas de *dashi*
   en polvo
3 cucharaditas de *mirin*
3 cucharaditas de azúcar
   glass
2 cucharaditas de salsa
   de soya ligera
2 pizcas de sal
¼ de taza de aceite de girasol

***Tamagoyaki* natural**
300 g de *daikon* rallado
   y escurrido (opcional)
salsa de soya ligera, al gusto
   (opcional)

***Tamagoyaki* de cangrejo**
3 cucharadas de cebollín
   picado
100 g de carne de cangrejo

Tamagoyaki* de *foie gras
1 bloque de *foie gras* de 100 g
   cortado en bastones de
   2 × 15 cm (el largo
   del bastón deberá ser
   ligeramente más pequeño
   que el tamaño de sartén
   para *tamagoyaki*)

Mezcla de *tamagoyakis*

Bata los huevos en una jarra medidora hasta que se mezclen bien las claras con las yemas.

Coloque en un tazón el *dashi* en polvo, el *mirin*, el azúcar glass, la salsa de soya y la sal; mezcle hasta que el *dashi* y el azúcar se hayan disuelto por completo. Incorpore esta mezcla a los huevos batidos. Mida el volumen de la mezcla y divídala en tres partes iguales, una para cada *tamagoyaki*.

TAMAGOYAKI NATURAL

Vierta una de las porciones de mezcla de *tamagoyaki* en una taza medidora para que sea más fácil verterla al sartén.

Ponga sobre fuego medio el sartén para *tamagoyaki* y deje que se caliente. Sumerja un trozo de papel absorbente en el aceite de girasol y utilícelo para engrasar toda la superficie del sartén. Vierta una pequeña cantidad de la mezcla de huevo en el sartén; si ésta chisporrotea, significa que el sartén está a la temperatura correcta.

Un buen *tamagoyaki* tiene muchas capas muy delgadas y es muy ligero; el *omelette* no debe dorarse, ya que eso significa que se sobrecoció. Por tanto, mantenga siempre estable la temperatura del sartén para que los huevos se cuezan rápidamente pero no se quemen. [1] Vierta en el sartén 10% de la mezcla de huevos. Incline hacia donde sea necesario el sartén para que la mezcla de huevo cubra uniformemente toda la superficie. [2-4] Cuando el huevo comience a formar burbujas en las orillas y comience a cuajarse, enróllelo sobre sí mismo del lado derecho hacia el izquierdo, utilizando unos palillos y/o una espátula. La mezcla de huevo no debe estar completamente cuajada al enrollarla, de lo contrario las capas no se pegaran entre sí.

[5] Deslice el primer rollo de huevo hacia el lado derecho del sartén y engráselo nuevamente con el papel absorbente. Vierta en el espacio libre del sartén otro 10% de la mezcla de huevo. [6] Levante con los palillos el rollo de huevo de la orilla derecha del sartén e incline este último ligeramente para que la mezcla que acaba de verter se deslice por debajo de él; baje el rollo a su posición original. [7] Cuando la mezcla nueva comience a cuajarse, enrolle nuevamente comenzando del lado derecho para que la nueva capa de huevo se enrolle en la primera. [8] Deslice el rollo de huevo una vez más hacia el lado derecho del sartén.

[9] Repita este procedimiento hasta terminar con toda la mezcla de huevo. Deberá obtener un rollo de 4 centímetros de grosor con varias capas.

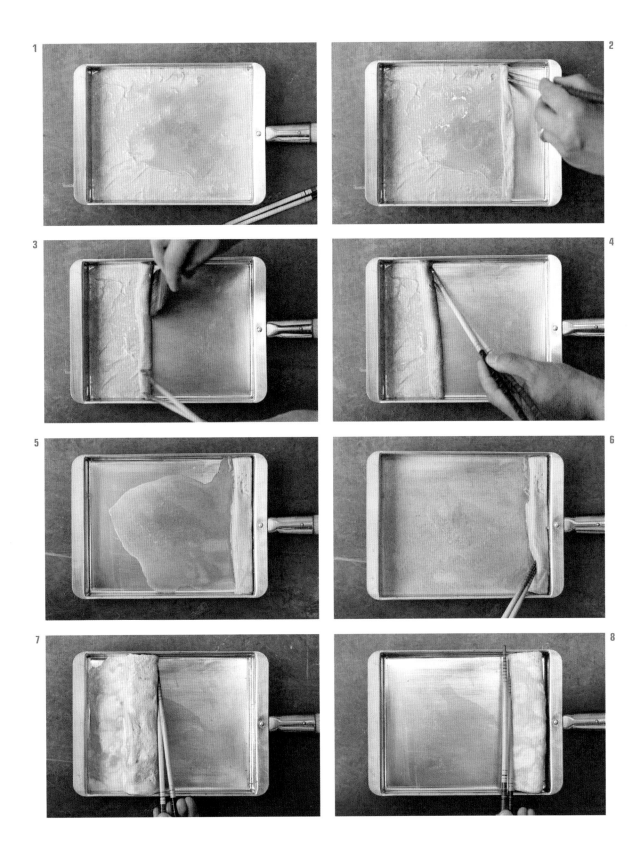

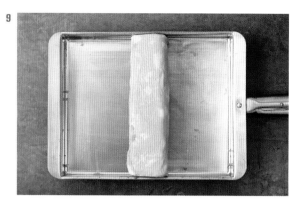

9

[10] Cubra el *tamagoyaki* con una esterilla para sushi; sostenga la esterilla con una mano y dé la vuelta al sartén con la otra para que el *tamagoyaki* caiga en la esterilla. **[11-12]** Enrolle el *tamagoyaki* con la esterilla sin aplicar demasiada presión y sujételo con una liga para que no se desenrolle. Ponga sobre el *tamagoyaki* algún objeto pesado, como una tabla para picar o un libro, y déjelo reposar durante 5 minutos.

Desenrolle la esterilla y corte el *tamagoyaki* en rodajas de entre 1 y 2 centímetros de grosor. Sírvalas, si lo desea, con el *daikon* rallado bañado con un poco de salsa de soya. Si no va a consumirlo al momento, envuélvalo en plástico autoadherente y refrigérelo hasta por 24 horas.

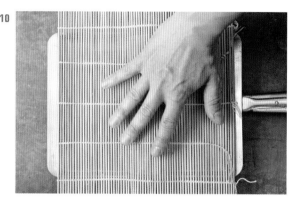

10

TAMAGOYAKI DE CANGREJO

Vierta una de las porciones de mezcla de *tamagoyaki* en una taza medidora y mézclela con el cebollín picado.

Siga el mismo procedimiento para preparar el *tamagoyaki* natural, agregando en cada capa un poco de carne de cangrejo justo antes de enrollarlas. Sirva las rebanadas de *tamagoyaki* de cangrejo tibias o a temperatura ambiente.

11

TAMAGOYAKI DE *FOIE GRAS*

Vierta la última porción de mezcla de *tamagoyaki* en una taza medidora.

Ponga sobre fuego medio el sartén para *tamagoyaki* y deje que se caliente. Sumerja un trozo de papel absorbente en el aceite de girasol y utilícelo para engrasar toda la superficie del sartén. Vierta una pequeña cantidad de la mezcla de huevo en el sartén; si ésta chisporrotea, significa que el sartén está a la temperatura correcta. Vierta una cuarta parte de la mezcla de huevo. Acomode los bastones de *foie gras* a lo largo del sartén, dejando una orilla libre 3 centímetros en el lado derecho. Cuando el huevo comience a cuajarse, doble la orilla libre sobre el primer bastón de *foie gras* y continúe enrollando delicadamente; de esta forma, el *foie* quedará dentro de la primera capa. Posteriormente, siga el mismo procedimiento del *tamagoyaki* natural para preparar las posteriores capas.

12

La quinoa se consume en los andes peruanos desde hace miles de años. La variedad negra que utilizo para esta receta tiene un sabor a anís tostado que combina a la perfección con las vieiras y con el sabor agridulce de los *kumquats*. Es una perfecta entrada con distinción para cualquier comida.

CALLOS DE ALMEJA CON TABULE DE QUINOA NEGRA Y KUMQUATS EN ALMÍBAR

RENDIMIENTO: 6 PORCIONES

Kumquats en almíbar
120 g de azúcar
1 cucharada de glucosa
o de miel de abeja
2 cucharadas de agua
200 g de *kumquats* partidos
por la mitad
2 cucharadas de pistaches
2 cucharadas de cachaza
o *sake*

Aderezo de *yuzu*
4 cucharadas de jugo de *yuzu*
½ cucharadita de azúcar
2 cucharadas de aceite
de oliva extra virgen
1 chile rojo sin semillas
ni venas, picado
1 cucharadita de flor de sal
o de sal de mar

Tabule de quinoa negra
⅔ de taza de agua
1 pizca de sal
⅓ de taza de quinoa negra
15 g de hojas de perejil
picadas finamente
15 g de hojas de menta
picadas finamente
15 g de hojas de hinojo
picadas finamente

15 g de cebollas de primavera
o cebollas cambray tiernas
con hojas, picadas finamente
25 g de chalotas picadas
finamente
½ aguacate cortado en cubos
pequeños

Montaje
6 callos de almeja
grandes
cantidad suficiente de sal
humedecida con algunas
gotas de agua
6 conchas grandes

1 cucharada de aceite de oliva
extra virgen + cantidad
suficiente para freír
shichimi al gusto
flor de sal, al gusto
brotes de hierbas frescas,
al gusto

PROCEDIMIENTO

Kumquats en almíbar

Ponga sobre el fuego una olla con el azúcar, la glucosa o la miel de abeja y el agua. Mezcle constantemente hasta que el azúcar se disuelva; cuando el jarabe alcance los 120 °C, sumerja en él los *kumquats* y los pistaches y continúe la cocción durante 3 minutos más. Retire la olla del fuego y deje enfriar la preparación.

Incorpore la cachaza o el *sake*. Vierta los *kumquats* con su almíbar en un frasco con tapa y consérvelos en refrigeración.

Aderezo de *yuzu*

Mezcle en un tazón el jugo de *yuzu* con el azúcar hasta que se disuelva. Añada el resto de los ingredientes y bata hasta obtener una mezcla homogénea. Reserve el aderezo.

Tabule de quinoa negra

Ponga sobre el fuego una olla que tenga tapa con el agua y la sal. Cuando hierva, añada la quinoa, tape la olla, baje el fuego y deje que la quinoa se cueza durante 17 minutos. Retírela del fuego y déjela reposar tapada durante 5 minutos. Disperse la quinoa con un tenedor y déjela enfriar. Si aún tiene líquido, póngala de nuevo sobre fuego bajo, sin tapar la olla, hasta que el líquido se evapore. Retírela del fuego y déjela enfriar.

Mezcle en un tazón la quinoa cocida con las hojas de perejil, menta e hinojo, la cebolla de primavera o cebolla cambray tierna con hojas y las chalotas picadas. Vierta la mitad del aderezo de *yuzu* y mezcle bien; reserve el resto. Incorpore delicadamente los cubos de aguacate. Pruebe, ajuste la cantidad de sal y reserve.

Montaje

Dore los callos de almeja por ambos lados con un soplete de cocina. Ponga un poco de la sal con agua en 6 platos pequeños y coloque encima las conchas, de manera que éstas no se muevan. Ponga 1 cucharada de tabule de quinoa negra en el centro de cada cocha y acomode encima las vieiras. A un lado de cada callo, coloque 1 mitad de *kumquat* con pistaches y báñelos con un poco del almíbar. Rocíe todo con un poco del aderezo de *yuzu* restante, espolvoree el *shichimi* y flor de sal al gusto. Decore con brotes de hierbas frescas.

El espagueti a la japonesa en mi versión nikkei se inspira de un eterno favorito italiano: el espagueti a la boloñesa, o también conocido como *spag bol*. La gran comunidad italiana en Brasil me sirvió como inspiración para crear este platillo. En mi casa de São Paulo, sin importar qué fuera lo que estuviésemos cocinando, siempre agregábamos un poco de salsa de soya ¡hasta en la pasta! Este divertido y accidental espagueti se compone de tiras delgadas de calamar, una salsa boloñesa picante con sabor a *miso* y yema de huevo cocida y picada a manera de queso parmesano.

SPAGHETTI ALLA GIAPPONESE

ESPAGUETI DE CALAMAR CON BOLOÑESA PICANTE SABOR MISO

RENDIMIENTO: 4 PORCIONES

500 g de calamares limpios sin cabeza ni tentáculos
50 g de pasta *miso* café
2 cucharadas de *mirin*
1 cucharada de salsa de soya
1 cucharada de azúcar
1 cucharada de fécula de maíz
100 g de brotes de bambú enlatados, drenados y cortados en cubos de 5 mm
1 cucharada de aceite de ajonjolí
2 cucharadas de aceite
200 g de carne molida de cerdo
2 dientes de ajo rallados
2 cucharadas de pasta de soya picante *gochujang* o *tobanjan*
4 cucharadas de *sake*
1 yema cocida, picada

Corte el cuerpo de los calamares a lo largo por uno de sus lados para abrirlos en forma de rectángulo. Apílelos uno encima del otro para formar un cubo y envuélvalos con plástico autoadherente. Congélelo entre 45 minutos y 1 hora.

Mezcle en un tazón la pasta *miso* café, el *mirin*, la salsa de soya, el azúcar, el aceite de ajonjolí y la fécula de maíz. Reserve.

Hierva los brotes de bambú en agua durante 5 minutos. Escúrralos y resérvelos.

Ponga sobre el fuego un sartén con el aceite; cuando comience a humear, sofría la carne molida y los ajos rallados durante un par de minutos. Añada los cubos de bambú y la pasta de soya picante; mezcle bien e incorpore finalmente la mezcla de *miso*. Pruebe y ajuste a su gusto la cantidad de pasta picante. Retire del fuego y reserve.

Corte el bloque de calamar en tiras de 5 milímetros de grosor con un cuchillo con muy buen filo o uno eléctrico. Mezcle en un recipiente las tiras de calamar con el *sake* y resérvelas en refrigeración durante 10 minutos. (El *sake* suavizará la carne de los calamares y eliminará cualquier olor indeseable.)

Ponga sobre el fuego una olla con agua suficiente para cocer las tiras de calamar. Cuando hierva, añada éstas y déjelas allí 30 segundos. Sáquelas del agua y escúrralas bien.

Distribuya el espagueti de calamar en platos hondos, añádales un poco de la salsa boloñesa picante sabor *miso* y espolvoree la yema picada. Sirva.

La salsa *nanban* es una creación de la isla *Kyushu*, al sur de Japón, que incluye chiles sudamericanos introducidos por los portugueses en el siglo XVI. Ligeramente inspirada en el escabeche portugués, la salsa *nanban* se elabora con salsa de soya, vinagre y chiles; es el acompañamiento perfecto de carnes fritas y pescados. Esta receta es bastante inusual: el pollo se fríe hasta que forma una corteza dorada y crujiente; después, se cubre con la salsa *nanban* y se deja marinar durante algunas horas; así, lo que comienza con un pollo crujiente y caliente, termina siendo un platillo húmedo y fresco; el sabor del pollo termina siendo dulce por la marinada.

NANBAN DE POLLO FRITO

RENDIMIENTO: 6 PORCIONES

1 zanahoria
1 rama de apio
1 cebolla blanca fileteada
   finamente
5 cm de jengibre fresco,
   rallado
1 receta de salsa *nanban*
   (ver pág. 238)
hojuelas de chile de árbol seco
   o salsa picante de chile
   de árbol seco, al gusto
   (opcional)
cantidad suficiente de aceite
   para freír
750 g de muslos de pollo
   sin hueso, con piel
200 g de harina de trigo
1 cucharada de sal

Decoración
1 cucharada de ajonjolí
brotes de cilantro al gusto

Corte la zanahoria y la rama de apio en tiras de 4 centímetros de largo por 2 de grosor. Mézclalas en un recipiente amplio con la cebolla fileteada, el jengibre rallado y la salsa *nanban*. Deje reposar esta preparación entre 30 minutos y 1 hora a temperatura ambiente. Pruebe la marinada y ajuste la cantidad de chile al gusto. Resérvela.

Ponga sobre el fuego una olla con el aceite y deje que se caliente hasta que alcance 170 °C.

Corte los muslos de pollo en trozos del tamaño de un bocado. Mezcle en un tazón la harina de trigo con la sal, enharine con esta mezcla algunos trozos de pollo y sacúdales el exceso. Fríalos durante 5 minutos o hasta que estén bien dorados. Retírelos del aceite y colóquelos sobre papel absorbente. Fría de la misma manera el resto de los trozos de pollo.

Añada los trozos de pollo frito a la marinada. Cubra el recipiente con plástico autoadherente y refrigérelo durante 2 horas como mínimo, o idealmente, entre 4 y 6 horas.

Sirva el pollo sacándolo del refrigerador un par de horas antes para que se tempere. Distribuya un poco de las verduras de la marinada en el centro de platos hondos y coloque encima 4 o 5 trozos de pollo; añada más verduras y 2 cucharadas de la marinada. Espolvoree ajonjolí al gusto y decore con brotes de cilantro.

Nota. Si refrigera el pollo durante 1 noche obtendrá un sabor más intenso pero una consistencia más húmeda. Si así lo hace, saque la preparación del refrigerador un par de horas antes de servirla para que se tempere.

Este platillo me fascinó cuando lo probé en el restaurante Pakta, en Barcelona, galardonado con 1 estrella Michelin. Es dirigido por el chef peruano Jorge Muñoz y el japonés Kioko Li, un equipo reunido por Albert Adrià. Posiblemente éste es el restaurante nikkei más celebrado hoy en día, pues cuenta con excelentes críticas, y a juzgar por mi experiencia, las merece totalmente.

CAUSA DE SEPIAS

RENDIMIENTO: 6 PORCIONES

Pasta de ají amarillo
500 g de ajíes amarillos

Causa amarilla
150 g de papas
20 g de pasta de ají amarillo
1¼ cucharaditas de aceite
   de girasol
¼ de cucharadita de sal

Salsa Osaka
25 ml de jugo de limón
2 cucharadas de salsa
   de ostión
40 ml de agua
½ cucharadita de *dashi*
   en polvo
2 cucharaditas de aceite
   de ajonjolí

Mayonesa de *yuzu*
20 g de huevo batido
½ cucharadita de *dashi*
   en polvo
1 cucharadita de jugo de *yuzu*
¾ de cucharadita de salsa
   de soya
90 ml de aceite de girasol

Chips de papa
750 ml de aceite de oliva
   extra virgen
75 g de papa

Sepias
6 sepias de 10 g c/u
1 cucharada de aceite
   de girasol
25 g de *mentaiko* o de hueva
   de salmón

Pasta de ají amarillo. Ponga sobre el fuego una olla con los ajíes amarillos y cúbralos con agua fría; cuando hierva, saque los chiles del agua y escúrralos. Repita este paso 3 veces más, cambiando el agua cada vez. Retire las venas y las semillas de los chiles y muélalos en un procesador de alimentos hasta obtener una pasta homogénea y tersa; pásela a través de una coladera y resérvela en refrigeración en un recipiente con tapa.

Causa amarilla. Coloque las papas en un refractario y cúbralo con plástico autoadherente. Cuézalas en el horno de microondas durante 22 minutos o hasta que estén bien suaves. Pélelas y macháquelas con un pasapuré, o bien, páselas a través de una coladera de malla delgada. Deje enfriar el puré de papa, mézclelo con la pasta de ají amarillo, ¼ de cucharadita del aceite de girasol y la sal. Engrase con el aceite restante un recipiente de bajo, coloque en él la causa y compáctela para que tenga una altura de entre 2 y 3 centímetros. Tape el recipiente y resérvela en refrigeración.

Salsa Osaka. Licue todos los ingredientes, excepto el aceite; con la licuadora encendida, vierta lentamente el aceite hasta obtener una emulsión homogénea. Vierta la salsa en un dispensador con boquilla y resérvela en refrigeración.

Mayonesa de *yuzu*. Licue todos los ingredientes, excepto el aceite. Sin apagar la licuadora, vierta lentamente el aceite hasta obtener una emulsión homogénea. Vierta la salsa en una mamila y resérvela en refrigeración.

Chips de papa. Ponga sobre el fuego un sartén con el aceite de oliva. Precaliente el horno a 50 °C y cubra una charola para hornear con papel siliconado. Pele las papas, córtelas con una mandolina en rodajas de 5 milímetros de grosor, y después corte cada rodaja con un cortador circular de 5 centímetros de diámetro. Mantenga los discos de papa sumergidos en un tazón con agua fría durante este proceso. Cuando el aceite tenga una temperatura de 120 °C, escurra los discos de papa, séquelos con papel absorbente y fríalos en el aceite hasta que se doren. Sáquelos del aceite y colóquelos sobre papel absorbente. Póngalos en la charola y hornéelos durante 2 horas. Conserve los *chips* en un recipiente hermético a temperatura ambiente.

Sepias. Coloque en un tazón un poco de agua fría, cubos de hielo y sal. Retire los ojos de la sepia con unas tijeras y la boca con unas pinzas; sumerja las sepias en el agua helada, sáquelas y colóquelas entre dos trozos de papel absorbente humedecido con agua en un recipiente hermético. Resérvelas en refrigeración.

Presentación. Ponga un poco de la mayonesa de *yuzu* en platos individuales. Corte la causa en 6 cubos o discos y colóquelos sobre la mayonesa; agrégueles encima un poco más de mayonesa y cubra con los *chips* de papa. Reserve.

Saltee en el aceite de girasol las sepias durante un par de minutos. Añada la salsa Osaka y déjela reducir un poco. Distribuya las sepias sobre los *chips* de papa, báñelas con la salsa Osaka y decore con el *mentaiko* o la hueva de salmón.

Hakata, la capital de la isla Kyushu, fue uno de los destinos principales de los primeros colonos chinos en Japón. Conocí estos bollos de origen chino cerca de Nagasaki donde se les conoce como *kakuni manju*. En esta receta yo les di aportaciones atrevidas: el encurtido de pepino picante, el jengibre y el cilantro, que acompañan a la perfección la suavidad de la panza de cerdo.

BOLLOS HAKATA A MI ESTILO NIKKEI

BOLLOS AL VAPOR TAIWANESES RELLENOS DE PANZA DE CERDO
COCIDA LENTAMENTE Y ENCURTIDO DE PEPINO PICANTE

RENDIMIENTO: 6 PORCIONES

Encurtido de pepino picante

½ taza de vinagre de arroz
½ taza de agua
½ taza de azúcar
½ pepino
½ chile de árbol rojo fresco
1 cucharada de sal

Bollos

6 bollos al vapor taiwaneses
½ receta de Panza de cerdo
    cocida lentamente… (ver
    pág. 162)
2 cucharadas de fécula
    de maíz
50 ml de agua fría
2 cucharadas de vinagre
    de arroz
6 hojas de lechuga romana
1 cebolla de primavera
    o cebolla cambray tierna
    con hojas, rebanada
½ taza de hojas de cilantro
2 cucharadas de jengibre
    encurtido, picado

Encurtido de pepino picante

Ponga sobre el fuego el vinagre de arroz con el agua y el azúcar. Cuando hierva, retire la preparación del fuego y déjela enfriar.

Corte el pepino en rodajas delgadas y pique el chile de árbol. Coloque las rodajas de pepino en un colador, añádales la sal y masajéelas con las yemas de los dedos; presiónelas con un plato y coloque encima algún objeto pesado. Deje reposar las rodajas de pepino durante 1 hora; después, enjuáguelas con agua fría para retirarles el exceso de sal y déjelas escurrir un par de minutos.

Mezcle las rodajas de pepino con el chile picado y la mezcla de vinagre y azúcar. Deje reposar la preparación durante 2 horas como mínimo. Conserve el encurtido en refrigeración dentro de un recipiente hermético hasta por un mes.

Bollos

Caliente al vapor los bollos. Saque el encurtido de refrigeración para temperarlo.

Reserve los trozos de panza de cerdo y cuele el caldo de cocción de éstos. Coloque este último sobre el fuego en un sartén. Disuelva la fécula de maíz en el agua y añádala poco a poco al caldo, mezclando constantemente con un batidor globo. Cuando obtenga una consistencia espesa, añada el vinagre de arroz, mezcle y rectifique la sazón; la salsa deberá ser ligeramente agridulce.

Corte cada trozo de panza de cerdo en tres rebanadas. Abra uno de los bollos, colóquele en la base 1 hoja de lechuga, ponga encima 1 rebanada de panza de cerdo y báñela con un poco de la salsa agridulce; agregue 3 rodajas de pepino encurtido con un poco de chile, ½ cucharada de cebolla de primavera o cebolla de cambray tierna con hojas, algunas hojas de cilantro y un poco de jengibre rojo encurtido. Inserte una brocheta de bambú en cada bollo y repita este paso con el resto de los bollos y de los ingredientes. Sírvalos.

Hajime Kasuga es uno de los principales chefs nikkei peruanos contemporáneos. Es embajador de la cocina nikkei peruana en Japón, Estados Unidos de América y Europa, así como consultor de varios restaurantes de cocina japonesa y nikkei en Lima y profesor de ambas cocinas en el Cordon Bleu de Perú, donde tuve la fortuna de conocerlo.

Esta extraordinaria receta es fácil de preparar, pero impresionante. La jalea de *ponzu* puede elaborarse con uno o dos días de anticipación; de esta forma, lo único que deberá hacer antes de servir los ostiones de Hajime es abrirlos junto con una botella de vino espumoso.

OSTIONES FRESCOS, JALEA DE PONZU Y NARANJA

RENDIMIENTO: 2 PORCIONES

Jalea de *ponzu*
3 g de grenetina
1 cucharada de agua
⅓ de taza de *dashi*
(ver pág. 230)
2 cucharadas de salsa
de soya
2 cucharadas de jugo
de limón

Ostiones
6 ostiones frescos
la ralladura de 1 naranja

Mezcle en un recipiente la grenetina con el agua y déjela reposar durante 5 minutos.

Ponga sobre el fuego una olla con el *dashi*; antes de que hierva, retire la olla del fuego. Añada la grenetina y mezcle hasta que ésta se disuelva. Incorpore la salsa de soya y el jugo de limón. Pase la mezcla a un recipiente bajo, déjela enfriar y refrigérela durante 40 minutos o hasta que la jalea esté firme.

Corte la jalea de *ponzu* en cubos de 5 milímetros.

Abra los ostiones, retíreles la concha superior y deseche cualquier resto de arena del interior. Añada 1 o 2 cucharaditas de cubos de jalea de *ponzu* sobre los ostiones y espolvoréeles la ralladura de naranja. Sirva de inmediato.

La panza de cerdo ha sido siempre una de mis comidas favoritas. De niño solía llevar a la escuela *torresmo* (chicharrón brasileño) en mi caja *bento*, acompañado de un tipo de salsa *nanban*. Algunas personas creen que los recuerdos de la niñez deben permanecer intactos; sin embargo, creo que esta receta es la excepción. La panza de cerdo de esta receta se cuece tres veces para obtener suaves y crujientes trozos de alegría. Los primeros dos métodos de cocción pueden hacerse con 3 días de anticipación. El último, la fritura, debe realizarse justo antes de servir.

PANZA DE CERDO CON TRIPLE COCCIÓN Y SALSA PICANTE

RENDIMIENTO: 6 PORCIONES

1 trozo de panza de cerdo
  de 1 kg, partida por la mitad
6 dientes de ajo aplastados
1 trozo de jengibre de
  2.5 cm sin pelar, cortado
  en rebanadas delgadas
1 hoja de laurel
2 cucharaditas de sal
cantidad suficiente de aceite
  de girasol para freír
1 cucharada de hojas
  de cilantro picadas
  finamente
6 gajos de limón

Salsa picante estilo *nanban*
50 ml de salsa de soya
50 ml de vinagre de arroz
½ cucharadita de azúcar
1 diente de ajo aplastado
1 chile de árbol fresco
  sin semillas ni venas,
  picado finamente

Coloque en un sartén grande las 2 mitades de panza de cerdo con los dientes de ajo, el jengibre, el laurel y la sal. Vierta agua hasta que ésta sobrepase los ingredientes 2 centímetros. Ponga el sartén sobre el fuego. Cuando el agua hierva, baje el fuego y cueza la carne durante 1½ horas retirando ocasionalmente la espuma que se forme en la superficie.

Precaliente el horno a 130 °C.

Retire los trozos de panza de cerdo del sartén, colóquelos en una rejilla sobre una charola para hornear y hornéelos durante 45 minutos. Retírelos del horno y déjelos enfriar. Envuelva los trozos de panza en plástico autoadherente y resérvelos en refrigeración.

Mezcle en un tazón todos los ingredientes de la salsa picante estilo *nanban* hasta que el azúcar se disuelva por completo. Resérvela.

Retire el plástico de los trozos de panza y, opcionalmente, dore su piel con un soplete para obtener una superficie muy crujiente. Córtelos en cubos de 2.5 centímetros.

Ponga sobre el fuego una olla con suficiente aceite para freír; cuando tenga una temperatura de 170 °C, fría en tandas los cubos de panza durante 3 minutos o hasta que se doren ligeramente y colóquelos sobre papel absorbente. Evite freírlos durante más tiempo para que la carne no se seque.

Sirva los trozos de panza de cerdo fritos espolvoreados con el cilantro picado y acompañados de los gajos de limón y la salsa.

SUSHIS, TIRADITOS Y CEVICHES

La inspiración para este trío llegó en un viaje que hice recientemente a Perú. En uno de los sushis del trío combino el sabor del salmón crudo con el chile más famoso de Perú, el ají amarillo, el cual tiene un intenso color amarillo-naranja y un ligero sabor dulce y picante. El elemento "tierra" es el *foie gras*, bañado con salsa *teriyaki* de ajo; al momento de dorarlo con el soplete, un poco de su grasa se derrite y se mezcla con la salsa dulce y el vinagre de arroz creando una combinación celestial. El último sushi del trío es un saludo a la gran comunidad china en Perú y a su cocina, conocida como chifa; en este sushi utilizo callos de almeja ligeramente dorados y acompañados con una mayonesa casera condimentada con pasta de chiles, a la cual he nombrado como salsa chifa.

TRÍO DE SUSHI MAR Y TIERRA ESTILO NIKKEI
FOIE GRAS CON SALSA TERIYAKI DE AJO, SALMÓN CON CREMA DE AJÍ AMARILLO,
Y CALLO DE ALMEJA CON SALSA CHIFA

RENDIMIENTO: 4-6 PORCIONES

Sushis

1 receta de arroz para sushi
  (ver pág. 226)
250 g de filete de salmón
  para sushi, sin piel
200 g de *foie gras*
6 conchas de almeja
2 cucharadas de alga *nori*
  fileteada
4-6 callos de almeja cortados
  en cubos
2 cucharaditas de hueva
  de pescado sabor *wasabi*
  o natural

Montaje

cantidad suficiente de sal
  humedecida con algunas
  gotas de agua
50 ml de salsa chifa
  (ver pág. 237)
50 ml de crema de ají amarillo
  (ver pág. 240)
50 ml de salsa *teriyaki* con ajo
  (ver pág. 233)
pimienta molida, al gusto
flor de sal o de sal de mar,
  al gusto

Humedezca sus manos, divida el arroz en 18 porciones y compacte 12 de ellas dándoles forma de *nigiris*. Cubra los *nigiris* y el arroz restante con plástico autoadherente o con una manta de cielo húmeda.

Corte el filete de salmón en 6 rebanadas, un poco más grandes que la superficie de los *nigiris*; colóquelas encima de 6 porciones de arroz, y haga lo mismo con el *foie gras*.

Precaliente el *grill* o asador del horno. Engrase ligeramente las 6 conchas de almeja, distribuya en ellas el arroz restante, espolvoree el arroz con el alga *nori* fileteada y coloque encima los cubos de callo de almeja. Ponga las conchas en una charola para hornear y hornéelas entre 1 y 2 minutos. Sáquelas del horno y colóqueles encima la hueva de pescado.

Ponga un poco de la sal humedecida al centro de 6 platos. Coloque al centro las conchas y báñelas con la salsa chifa. Ponga al lado de cada concha ½ cucharadita de la crema de ají amarillo y acomode encima los *nigiris* de salmón; cúbralos con el resto de la crema de ají amarillo. Coloque del otro lado de cada concha los *nigiris* de *foie gras* y dórelos ligeramente con un soplete. Distribúyales encima la salsa *teriyaki* de ajo y espolvoréelos con pimienta y flor de sal al gusto; dórelos nuevamente durante algunos segundos con el soplete, así como a los *nigiris* de salmón y las conchas. Sirva el trío de sushis inmediatamente.

Para una novedosa presentación, utilice hojas de magnolia secas en lugar de las conchas de callo de hacha.

En este platillo decidí condimentar el arroz con *shiso*, una hierba japonesa muy perfumada, y acompañarlo con un salmón presentado de dos formas distintas: picado a mano, y cortado en cubos. La crema de *wasabi* y limón aporta un toque picante y de frescura, mientras que el aguacate y el *daikon* imparten otra capa de sabores y texturas.

SUSHI DE SALMÓN, DOS ESTILOS

SALMÓN, AGUACATE, CREMA DE WASABI Y LIMÓN, SOBRE ARROZ CONDIMENTADO CON SHISO

RENDIMIENTO: 4 PORCIONES

300 g de filete de salmón para sushi, sin piel (puede sustituirlo con atún)

50 g de cebollas de primavera o cebollas cambray tiernas con hojas, picadas finamente

1 cucharada de salsa de soya

1 aguacate cortado en cubos de 1 cm

½ receta de arroz para sushi (ver pág. 226)

hojas de *shiso* picadas muy finamente, al gusto

1 cucharada de ajonjolí tostado + cantidad al gusto

1 trozo de *daikon* de 5 cm, pelado

1 receta de crema de *wasabi* y limón (ver pág. 237)

1 cucharada de alga *nori* fileteada (*kizami nori*)

Retire cualquier resto de carne café del filete de salmón. Pique finamente la mitad de él, y corte el resto en cubos de 1 centímetro. Coloque ambos salmones en tazones separados, cúbralos con plástico autoadherente y refrigérelos.

Unos momentos antes de servir, mezcle el salmón picado con las cebollas de primavera o las cebollas cambray tiernas con hojas y la salsa de soya. Incorpore delicadamente los cubos de aguacate al salmón cortado en cubos.

Mezcle el arroz con las hojas de *shiso* picadas y la cucharada de ajonjolí tostado. Ralle el *daikon*, exprímalo para retirarle el exceso de agua e incorpórelo al arroz.

Coloque un aro de 7 u 8 centímetros de diámetro en el centro de un plato, añada un poco de arroz dentro y presiónelo ligeramente para obtener una superficie uniforme; cerciórese que la capa de arroz tenga 2.5 centímetros de altura. Cubra el arroz con una capa de salmón picado de 1 centímetro de altura. Retire el aro jalándolo hacia arriba y presionado delicadamente la preparación para que no pierda su forma. Finalmente, añada al centro un poco de la mezcla de salmón con aguacate sin cubrir completamente la capa de salmón picado. Repita este paso en 3 platos más.

Añada en la orilla de las torres de sushi una línea con la crema de *wasabi* y limón. Decore el centro de las torres con el alga *nori* fileteada y espolvoree ajonjolí al gusto. Sirva.

Creado por Toshiro Konishi en Lima, el concepto de Tiradito es la respuesta nikkei al amado ceviche peruano. El pescado en un tiradito se presenta en rebanadas muy delgadas, como en el *sashimi*, a diferencia del ceviche el cual lleva el pescado en cubos; sin embargo, a diferencia de su primo japonés, los tiraditos se condimentan con leche de tigre. El tiradito es un matrimonio entre dos culturas distintas. Este platillo es ideal para aquellas personas a las que no les gusta comer pescado crudo condimentado con un poco de salsa de soya, ya que este platillo tiene un sabor más vibrante.

TIRADITO DE CALLOS DE ALMEJA Y ROBALO

CON SALICORNIA, ENELDO, PEPINO Y LECHE DE TIGRE DE YUZU

RENDIMIENTO: 4 PORCIONES

Leche de tigre con *yuzu*

1 rodaja de jengibre fresco
  de 5 mm de grosor
1 diente de ajo
el jugo de 2 limones amarillos
4 cucharadas de jugo de *yuzu*
la ralladura de ½ limón
  amarillo
2 cucharadas de *mirin*
½ cucharada de salsa de soya
  ligera
½ taza de ramas de eneldo,
  la mitad picada finamente
2 cucharaditas de azúcar
½ cucharadita de aceite
  de ajonjolí
1 chile verde sin semillas
  ni venas, picado finamente

Tiradito

1 trozo de pepino de 50 g
1 filete de robalo de 500 g
  sin piel
4 callos de almeja
15 g de cebolla de primavera
  o cebolla cambray tiernas
  con hojas, rebanadas
  finamente
20 g de salicornia limpia
pimienta molida, al gusto
flor de sal o de sal de mar,
  al gusto

Leche de tigre con *yuzu*

Trocee el jengibre y el ajo, mézclelos en un tazón con el jugo de limón amarillo y deje reposar la mezcla durante 10 minutos. Cuele el jugo de limón y mézclelo con el resto de los ingredientes. Cubra la leche de tigre y refrigérela hasta el momento de servirla.

Tiradito

Pele a lo largo el pepino, dejándole algunas tiras de piel. Córtelo por la mitad a lo largo y retírele las semillas con una cuchara. Corte cada mitad en rebanadas de 2 milímetros de grosor; resérvelas.

Corte el robalo, así como los callos de almeja en rebanadas delgadas diagonalmente. Extiéndalas en un plato, cúbralas con plástico autoadherente y resérvelas en refrigeración.

Acomode las rebanadas de pepino en un sartén sin encimarlas; luego, páseles un soplete hasta que las orillas se doren; déjelas enfriar. Este paso también se puede realizar, salteando las rebanadas de pepino en un sartén antiadherente durante un par de minutos.

Distribuya las rebanadas de pepino en un platón y acomode alrededor la mitad de la cebolla picada y la salicornia. Cubra los ingredientes con las rebanadas de robalo y de callos o vieiras, y añada encima el resto de la cebolla y de salicornia. Bañe con la leche de tigre con *yuzu*. Después de 2 minutos, espolvoree el tiradito con pimienta y sal al gusto, y sirva de inmediato.

Adriano Kanashiro fue uno de los chefs de cocina nikkei más comprometidos que conocí en São Paulo. Adriano, al igual que yo, es *sansei*, es decir, tercera generación nikkei; nació en la ciudad de Londrina al sur del Estado de Paraná, donde yo viví de niño durante tres años; hasta asistimos a la misma escuela, pero con un año de separación. Treinta años después nos conocimos en una cena en el restaurante Momotaro en Vila Nova Conceição, en São Paulo. Nos sorprendimos al darnos cuenta de tantos aspectos de nuestras vidas que teníamos en común. Debo mencionar que fue una de las mejores comidas de ese viaje.

Antes de abrir Momotaro, Kanashiro trabajó durante años como chef del restaurante de cocina japonesa en el Grand Hyatt Hotel de São Paulo. Es uno de los pioneros de la cocina nikkei en restaurantes profesionales en Brasil; asimismo, es considerado como uno de los exponentes de cocina vanguardista en el país.

La receta de *tartar* de atún de Kanashiro es uno de sus platillos con mayor renombre. Me encanta la sorprendente combinación de la dulce salsa *teriyaki* con higo, con el atún carnoso y el *foie gras* tatemado: resulta una experiencia deliciosamente inesperada.

TARTAR DE ATÚN CON HIGOS,
MASAGO Y FOIE GRAS

RENDIMIENTO: 4 PORCIONES

Salsa *teriyaki*
¾ de taza de *sake*
¾ de taza de *mirin*
1 taza de salsa de soya
1 taza de azúcar

***Tartar* de atún**
300 g de atún para sushi sin piel, cortado en cubos de 1 cm
2 cucharadas de aceite de oliva
flor de sal al gusto
1 cucharada de cebollín picado + cantidad suficiente para decorar
5 higos maduros, pelados y aplastados con un tenedor
30 g de caviar de *masago*
1 tozo de *foie gras* de 100 g cortado en 4 trozos
4 cucharadas de salsa *teriyaki*

Salsa *teriyaki*

Ponga sobre el fuego un sartén con el *sake* y el *mirin*; cuando hiervan, prenda un cerillo y acérquelo rápidamente a la preparación para flamearla. Cuando el fuego se haya consumido por completo, baje el fuego e incorpore la salsa de soya y el azúcar. Mezcle hasta que el azúcar se disuelva por completo y deje que la preparación se reduzca a la mitad. Retire el sartén del fuego y deje enfriar la salsa *teriyaki*.

***Tartar* de atún**

Mezcle en un tazón los cubos de atún con 1 cucharada de aceite de oliva, el cebollín picado y flor de sal al gusto. Reserve en refrigeración.

Mezcle en otro tazón los higos aplastados, el caviar de *masago* y el resto del aceite de oliva. Reserve en refrigeración.

Selle en un sartén antiadherente los trozos de *foie gras* durante 1 minuto por cada lado. Resérvelos sobre papel absorbente.

Coloque un aro de 7 centímetros de diámetro en el centro de un plato, añada dentro una cuarta parte de la mezcla de cubos de atún y extiéndala con una espátula. Forme encima una capa con una cuarta parte de la mezcla de higos con caviar y extiéndala con una espátula sin presionarla demasiado. Finalmente, ponga encima 1 trozo de *foie gras*. Repita este paso tres veces más con el resto de la mezcla de atún y de higos. Bañe los *tartar* de atún con la salsa *teriyaky* y espolvoree cebollín picado al gusto.

Creado en la década de los años sesentas del siglo pasado, en Los Ángeles, California, los rollos son probablemente el ejemplo más icónico de la cocina nikkei. La leyenda dice que los chefs japoneses decidieron sustituir el atún (el cual no era muy común fuera de Japón en aquella época) con cangrejo y aguacate, y así nacieron los ahora increíblemente famosos rollos. Existen decenas de variantes de este clásico de la cocina; yo decidí recrear esta receta con la combinación original de ingredientes, aunque yo prefiero utilizar carne de cangrejo en vez de surimi.

ROLLO CALIFORNIA

CON CANGREJO, AGUACATE, PEPINO Y HUEVA DE PESCADO

RENDIMIENTO:
3 ROLLOS / 18 PIEZAS

Relleno
1 cucharada de *mayoneizu*
(ver pág. 232)
1 cucharadita de pasta
de *wasabi*
1 pizca de sal
120 g de carne de cangrejo,
fresca o enlatada
1 trozo de pepino de 10 cm
1 aguacate pequeño

Rollo California
200 ml de agua
3 cucharadas de vinagre
de arroz
2 hojas de alga *nori* partidas
por la mitad
½ receta de arroz para sushi
(ver pág. 226)
1 cucharadita de pasta de
wasabi + cantidad al gusto
6 cucharadas de hueva
anaranjada de pescado
3 cucharadas de jengibre
encurtido
3 cucharadas de salsa
de soya

Para elaborar esta receta
necesitará 1 esterilla
para sushi.

Relleno

Mezcle en un tazón la *mayoneizu* con la pasta de *wasabi* y la sal. Incorpore delicadamente la carne de cangrejo. Tape la mezcla y consérvela en refrigeración.

Corte el pepino por la mitad a lo largo y retírele las semillas con una cuchara. Corte cada mitad en bastones de 10 centímetros de largo y 1 de ancho. Resérvelas.

Corte el aguacate por la mitad y retírele la cáscara y la semilla. Corte cada mitad a largo en rebanadas de 1 centímetro de grosor. Colóquelas en un plato y cúbralas con plástico autoadherente para evitar que se oxiden; cerciórese que el plástico tenga contacto con el aguacate. Resérvelas.

Rollo California

Mezcle en un tazón el agua con el vinagre. Coloque la esterilla sobre una mesa y cúbrala con plástico autoadherente.

[1] Coloque 1 mitad de alga *nori* sobre la esterilla. Moje sus dedos en la mezcla de agua con vinagre, sacuda el exceso, tome una tercera parte del arroz y colóquela sobre el alga. Extiéndalo con las yemas de sus dedos hasta que forme una capa de ½ centímetro de grosor que cubra toda la superficie del alga. Gire rápidamente la hoja de alga *nori* con el arroz, de manera que este último quede en contacto con la esterilla.

Unte a todo lo largo de una de las orillas largas del alga un tercio de la cucharadita de pasta de *wasabi*. [2] Extienda a lo largo del alga una tercera parte de la mezcla de carne de cangrejo, formando una línea de 2.5 centímetros de grosor. [3] Forme debajo de la línea de carne de cangrejo una línea de bastones de pepino y de rebanadas de aguacate.

[4, 5] Jale hacia arriba la orilla de la esterilla más cercana a usted, mientras sujeta el relleno con los dedos y comience a enrollar la hoja de alga *nori* sobre sí misma; cuando llegue a la mitad, presione el relleno a todo lo largo del rollo utilizando la esterilla. Continúe enrollando y, al final, presione el rollo contra la orilla de la hoja para sellarlo. [6, 7, 8] Con la esterilla, presione ligeramente a todo lo largo del rollo para que obtenga una forma uniforme: si desea un rollo circular dele forma de cilindro, o bien, presione cada uno de los cuatro lados contra la mesa de trabajo para darle una forma cuadrada. Cubra toda la superficie del rollo con una tercera parte de la hueva de pescado y presiónela contra el arroz con las manos. Envuelva el rollo con plástico autoadherente y resérvelo en un lugar fresco, pero no en refrigeración para evitar que el arroz se seque.

Repita los pasos 1 a 8 con el resto de los ingredientes para formar 2 rollos más.

[9, 10] Retire el plástico de los rollos unos minutos antes de servirlos. Humedezca una manta de cielo con la mezcla de agua con vinagre y humedezca con ella un cuchillo con buen filo. Corte cada rollo por la mitad a lo ancho. [11, 12] Coloque las mitades de los rollos, una junto a la otra. Humedezca nuevamente el cuchillo y haga dos cortes equidistantes para obtener 6 piezas del mismo tamaño.

Sirva las piezas del rollo acompañadas con el jengibre encurtido y la salsa de soya.

Nota. Antes de cortar el rollo, puede cortar el relleno que sobresale de las orillas para obtener piezas perfectas. Sin embargo, en casa no lo hacemos para no desperdiciarlo, además de que a la persona a quien le tocan las piezas imperfectas se ve recompensada con más relleno.

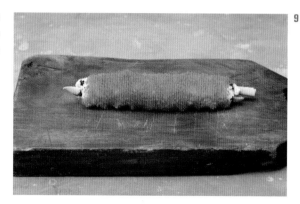
9

10

11

12

Para esta receta utilizo *sashimi* de salmón condimentado con una refrescante y ligeramente ácida leche de tigre nikkei con aceite de cilantro. Si no ha preparado con anterioridad un aceite de cilantro, ¡este es el momento! Este fantástico condimento es fácil de preparar, y aporta a éste y otros platillos, un vibrante color verde y un refrescante sabor herbal. La salsa de jalapeño añade textura a la receta, la cual resulta una comida sumamente ligera, ideal para acompañar con una copa de vino fresco.

SASHIMI DE SALMÓN AL ESTILO SUDAMERICANO
CON LECHE DE TIGRE NIKKEI Y SALSA DE JALAPEÑO

RENDIMIENTO: 4 PORCIONES

Salsa de jalapeño
½ pepino grande
1 aguacate
30 hojas de cilantro
  + cantidad al gusto para
  decorar
1 chile jalapeño rojo,
  sin semillas ni venas
½ chalota
1 pizca de sal
1 cucharada de aceite de oliva
1 cucharada de jugo de limón

Sashimi
400 g de filete de salmón
  para sushi sin piel
1 receta de leche de tigre
  nikkei (ver pág. 239)
2 cucharadas de aceite
  de cilantro (ver pág. 236)
flor de sal o de sal de mar,
  al gusto
shichimi al gusto

Salsa de jalapeño

Corte el pepino por la mitad a lo largo y retírele las semillas con una cuchara. Corte cada mitad en cubos de ½ centímetro. Corte el aguacate por la mitad y retírele la cáscara y la semilla; corte cada mitad en cubos de ½ centímetro. Apile y enrolle algunas hojas de cilantro y córtelas en tiras delgadas; haga lo mismo con el resto de las hojas. Pique finamente el chile jalapeño y la chalota.

Mezcle en un tazón los cubos de pepino con ⅔ de los cubos de aguacate, las hojas de cilantro fileteadas, el chile y la chalota picados. Añada el resto de los ingredientes, rectifique la sazón y reserve la salsa en refrigeración.

Sashimi

Retire con un cuchillo cualquier resto de carne café del filete de salmón. Córtelo en rebanadas de ½ centímetro de grosor y de 5 centímetros de largo.

Distribuya las rebanadas de salmón a lo largo de 4 platos, de forma que queden ligeramente encimadas. Báñelas con la leche de tigre nikkei. Distribuya la salsa de jalapeño sobre el salmón, formando una línea al centro de éste. Decore los platos con los cubos de aguacate restantes, algunas hojas de cilantro y el aceite de cilantro. Finalmente, espolvoree flor de sal o sal de mar y *shichimi* al gusto.

Me encanta la comida coreana, en especial sus sabores intensos y el uso casi desmedido de ajo, chile y col fermentada. Cuando me encontraba desarrollando esta receta, la canción *Gangnam Style* de Psy estaba de moda y me pareció que era el nombre perfecto para esta receta. Me inspiré en sabores y colores de Corea para crear este platillo de sushi, que es mi homenaje a esta fascinante cocina.

SUSHI DE ROBALO ESTILO GANGNAM

CON ADEREZO YUZU-PON, ENCURTIDO DE DAIKON Y ZANAHORIA, ESPINACA Y AJONJOLÍ

RENDIMIENTO: 4 PORCIONES

Aderezo *yuzu-pon*

1 receta de salsa *yuzu-pon* (ver pág. 235)
2 cucharadas de aceite de ajonjolí tostado
1 cucharadita de azúcar
½ cebolla de primavera o cebolla cambray tierna con hojas, picada muy finamente

Encurtido de *daikon* y zanahoria

150 g de *daikon*
150 g de zanahoria
sal de mar, al gusto
100 ml de vinagre de arroz
100 ml de agua
¼ de taza de azúcar

Espinaca marinada

100 g de espinacas *baby*
½ cucharadita de aceite de ajonjolí
sal de mar, al gusto

Montaje

1 filete de robalo de entre 150 y 200 g, sin piel
½ receta de arroz para sushi (ver pág. 226)
pasta de *wasabi* al gusto
4 cucharadas de encurtido de *daikon* y zanahoria
4 cucharadas de espinaca marinada
4 yemas de huevo de codorniz ligeramente cocidas
jengibre rojo encurtido (*beni shōga*) cortado en tiras, al gusto
ajonjolí negro al gusto

Para esta receta deberá comenzar con varios de los procedimientos desde 1 día antes.

Aderezo *yuzu-pon*

Mezcle todos los ingredientes y resérvelo en refrigeración durante 1 hora.

Encurtido de *daikon* y zanahoria

Pele el *daikon* y la zanahoria y córtelos en tiras muy delgadas con una mandolina o con un procesador de alimentos que tenga esta función. Mézclelas con suficiente flor de sal o sal de mar en un colador y déjelas escurrir durante 1 hora. Hierva en una olla sobre el fuego el resto de los ingredientes del encurtido y déjelos enfriar durante 1 hora. Enjuague las tiras de *daikon* y de zanahoria con suficiente agua, retíreles el exceso de agua con papel absorbente y añádalas a la mezcla de vinagre. Resérvelo cubierto en refrigeración durante 1 noche.

Espinaca marinada

Ponga sobre el fuego una olla con suficiente agua para sumergir en ella las espinacas. Cuando hierva, agregue las espinacas y déjelas cocer durante 30 segundos; escúrralas, y enfríelas sumergiéndolas en un tazón con agua fría. Escúrralas nuevamente y presiónelas delicadamente con las manos para retirarles el exceso de agua; colóquelas en un tazón y mézclelas con el aceite de ajonjolí y la sal. Cúbralas y resérvelas en refrigeración durante 24 horas.

Montaje

Retire cualquier resto de piel y de espinas del filete de robalo y córtelo con un cuchillo con bastante filo en rebanadas de medio centímetro de grosor.

Coloque un aro de 7 centímetros de diámetro al centro de un plato y añada dentro una cuarta parte del arroz; presiónelo bien y úntele encima pasta de *wasabi* al gusto. Escurra el encurtido y agregue 1 cucharada de éste; retire el aro y repita el procedimiento tres veces más con el resto del arroz y del encurtido.

Distribuya las rebanadas de robalo sobre el encurtido de cada uno de los discos y añada encima, al centro, 1 cucharada de espinaca marinada con aceite de ajonjolí; coloque sobre éstas 1 yema de codorniz, 1 tira de jengibre encurtido y espolvoree un poco de ajonjolí negro. Finalmente, agregue 2 cucharadas del aderezo *yuzu-pon* alrededor de cada disco de arroz. Sirva.

Nota. El aderezo *yuzu-pon* se conserva bien durante 1 semana en refrigeración.

RENDIMIENTO:
3 ROLLOS / 18 PIEZAS

Maki

1 aguacate pequeño

cantidad suficiente de aceite
de girasol para freír

6 camarones empanizados
con *panko*

3 cucharadas de vinagre
de arroz

200 ml de agua

3 hojas de alga *nori*

⅔ de receta de arroz para
sushi (ver pág. 226)

120 g de bastones de queso
crema de 5 cm de largo
y ½ cm de grosor

200 g de rebanadas
de atún de 5 cm de largo
y 2 mm de grosor

Montaje y acompañamientos

1 receta de leche de tigre
nikkei (ver pág. 239)

1 cebolla de primavera
o cebolla cambray tierna
con hojas, cortada
en rebanadas delgadas

1 cucharadita de *shichimi*

1 cucharadita de pasta
de *wasabi*

3 cucharadas de láminas
de jengibre encurtido

3 cucharadas de salsa
de soya

Para elaborar esta receta necesitará 1 esterilla para sushi. En las páginas 60-62 encontrará el paso a paso ilustrado para formar un rollo o *maki*.

Corte el aguacate por la mitad y retírele la cáscara y la semilla. Corte cada mitad a largo en rebanadas de 1 centímetro de grosor; colóquelas en un plato y cúbralas con plástico autoadherente para evitar que se oxiden, cerciorándose que el plástico tenga contacto con las rebanadas de aguacate.

Ponga sobre el fuego una olla con un poco de aceite para freír los camarones empanizados; cuando tenga una temperatura de 170 °C, agregue los camarones y fríalos hasta que se doren ligeramente. Sáquelos del aceite y resérvelos sobre papel absorbente.

Mezcle el vinagre de arroz con el agua. Coloque la esterilla sobre una mesa de trabajo y cúbrala con plástico autoadherente. Retire una tercera parte de cada una de las hojas de algas *nori* y resérvela para otras preparaciones.

Coloque un trozo de alga *nori* sobre la esterilla. Moje sus dedos con la mezcla de agua con vinagre, sacuda el exceso, tome una tercera parte del arroz cocido o ¾ de taza y colóquela sobre el alga. Extiéndalo con las yemas de sus dedos hasta que forme una capa de ½ centímetro de grosor que cubra toda la superficie del alga. Gire rápidamente la hoja de alga *nori* con el arroz, de manera que este último quede en contacto con la esterilla.

Acomode una tercera parte de los bastones de queso crema a lo largo de la orilla larga del alga más cercana a usted. Coloque en el alga, delante del queso crema, 2 camarones empanizados; cubra ambos ingredientes con rebanadas de aguacate.

Jale hacia arriba la orilla de la esterilla más cercana a usted, mientras sujeta el relleno con los dedos y comience a enrollar la hoja de alga *nori* sobre sí misma; cuando llegue a la mitad, presione el relleno a todo lo largo del rollo utilizando la esterilla. Continúe enrollando, y al final, presione el rollo contra la orilla de la hoja para sellarlo. Con la esterilla, presione ligeramente a todo lo largo del rollo para que obtenga una forma uniforme.

Cubra toda la superficie del rollo con una tercera parte de las rebanadas de atún. Coloque la esterilla sobre el rollo y presiónelo a lo largo para que el atún se adhiera bien al arroz, dándole una forma uniforme al rollo. Envuélvalo con plástico autoadherente y resérvelo en un lugar fresco, pero no en refrigeración para evitar que el arroz se seque.

Repita los cuatro pasos anteriores con el resto de los ingredientes para formar 2 rollos más.

Montaje

Retire el plástico de los rollos unos minutos antes de servirlos. Humedezca una manta de cielo con la mezcla de agua con vinagre y humedezca con ella un cuchillo con buen filo. Corte cada rollo por la mitad a lo ancho. Coloque las mitades de los rollos, una junto a la otra. Humedezca nuevamente el cuchillo y haga dos cortes equidistantes para obtener 6 piezas del mismo tamaño.

Sirva las piezas de *maki* en platos, báñelas con la leche de tigre nikkei y espolvoréeles las rebanadas de cebolla cambray y el *shichimi*; acompáñelas con la pasta de *wasabi*, el jengibre encurtido y la salsa de soya.

Uno de los sushis más interesantes que probé en mi primer viaje a Perú fue el *maki* acevichado, un clásico de la cocina nikkei peruana. La leche de tigre nikkei es un excelente complemento del arroz para sushi, y el queso crema (un ingrediente polémico para muchos puristas del sushi) funciona muy bien en esta ecléctica combinación. Casi cada restaurante de Perú, ya sea de comida japonesa, nikkei o peruana, tiene sus propia versión del *maki* acevichado.

MAKI ACEVICHADO PERUANO

DE ATÚN, CAMARONES Y AGUACATE, CON LECHE DE TIGRE NIKKEI

Tuyoshi Murakami, conocido con el diminutivo de Mura, es uno de los chefs brasileños de cocina nikkei y japonesa más reconocidos. Mura es más que un cocinero; su entusiasmo por la vida, la gente y la buena comida deleitan a los comensales casi tanto como su impresionante comida. ¡Tal es su vivacidad que hasta podría cantarles en un *karaoke* si le apeteciera!

Una mesa en su restaurante Kinoshita en el lujoso distrito de Nova Conceição, en São Paulo, es sumamente codiciada y es obligada para cualquier amante de la comida que visite la ciudad. Probar su salmón a la mantequilla de limón fue sumamente memorable; afortunadamente, Mura aceptó amablemente contribuir con su receta.

En 2015 se publicó por primera vez la edición brasileña de la Guía Michelin. Debo decir que no fue sorprendente que a Kinoshita se le otorgara su primera estrella. Con su impecable comida, ingredientes de la mejor calidad y súper eficiente servicio, estoy seguro de que no será la última.

SALMÓN CON MANTEQUILLA DE LIMÓN

RENDIMIENTO: 2 PORCIONES

1 trozo de 120 g de salmón
   para sushi, sin piel
5 cucharadas de salsa
   de soya ligera
3 cucharaditas de jugo
   de limón
1 cucharada de mantequilla
brotes de *daikon* o de rábano,
   al gusto

Selle el trozo de salmón sólo por uno de sus lados en un sartén antiadherente durante algunos segundos. Corte el salmón en rebanadas de 2 centímetros de grosor. Acomódelas en un plato de servicio, extendidas y ligeramente encimadas.

Ponga sobre el fuego un sartén con la salsa de soya, el jugo de limón y la mantequilla. Mueva el sartén con movimientos circulares durante 1 minuto o hasta que la mantequilla se derrita y la salsa se espese. Vierta la salsa aún caliente sobre las rebanadas de salmón.

Sirva el *sashimi* de salmón acompañado con brotes de *daikon* o de rábano al gusto.

450 g de arroz blanco
de grano corto

550 ml de agua

6-9 cucharadas de sazonador
para arroz de sushi

1 limón cortado en rebanadas
de 1 cm

cantidad suficiente de aceite
de girasol para freír
y engrasar

1 chile de árbol rojo fresco
sin semillas ni venas,
cortado en rodajas

12 chícharos de nieve

400 g de salmón para sushi

1 receta de marinada nikkei
de anticucho para salmón
(ver pág. 241)

1 cucharadita de *mirin*

1 cucharadita de salsa
de soya

40 g de hueva de salmón

½ pepino sin semillas

½ aguacate

½ receta de *tamagoyaki* natural
(ver pág. 32)

10 hojas de *shiso*

2 cucharadas de ajonjolí
tostado + cantidad al gusto

1 cucharada de cebollín picado

1 receta de crema de *wasabi* y
limón (ver pág. 237)

Prepare el arroz blanco siguiendo las instrucciones de la página 226, empleando las cantidades de arroz, agua y condimento para sushi que se dan en esta receta. Una vez hecho, déjelo enfriar y resérvelo a temperatura ambiente.

Dore en un sartén o parrilla, con un poco de grasa, las rebanadas de limón por ambos lados y resérvelas.

Ponga sobre el fuego un sartén con suficiente aceite para freír; cuando tenga una temperatura de 140 °C, fría el chile de árbol durante 30 segundos sin que se dore. Resérvelo sobre papel absorbente.

Coloque sobre el fuego una olla con suficiente agua para cocer los chícharos de nieve. Cuando hierva, sumerja los chícharos de nieve durante 30 segundos. Escúrralos, y enfríelos sumergiéndolos en un tazón con agua y cubos de hielo. Escúrralos nuevamente, séquelos y córtelos finamente en diagonal. Resérvelos en refrigeración.

Corte la mitad del salmón en cubos de 2 centímetros y mézclelos con la marinada de anticucho. Corte el resto del salmón en cubos de 1 centímetro. Refrigere ambos por separado.

Precaliente el *grill* del horno. Cubra con papel aluminio una charola para hornear con paredes altas, engrase el aluminio con un poco de aceite.

Mezcle en un recipiente pequeño el *mirin*, la salsa de soya y la hueva de salmón. Corte el pepino, el aguacate y el *tamagoyaki* natural en cubos de 1 cm. Reserve todo por separado en refrigeración.

Distribuya los cubos de salmón con la marinada de anticucho en la charola y hornéelos entre 6 y 8 minutos o hasta que las orillas se doren. Retírelos del horno y déjelos enfriar. Apile las hojas de *shiso*, enróllelas y córtelas en tiras delgadas.

Combine en un tazón el arroz con las hojas de *shiso*, las 2 cucharadas de ajonjolí tostado y entre 4 y 6 cubos de salmón con anticucho; mezcle bien hasta que el salmón se rompa en tozos más pequeños. Transfiera el arroz a un barril de sushi o a un plato de servicio y extiéndalo hasta formar una cama de 2 o 3 centímetros de altura.

Distribuya todos los ingredientes sobre el arroz: las rebanadas de limón, las rodajas de chile de árbol, el chícharo de nieve, los cubos de salmón con marinada y los de salmón crudo, la mezcla de salsa de soya con hueva de salmón y los cubos de pepino, aguacate y *tamagoyaki*. Espolvoree todo con ajonjolí al gusto y cebollín picado. Acompañe con la crema de *wasabi* y limón.

Nota. *Chirashi-zushi* significa sushi esparcido; por tanto, debe utilizar su creatividad para esparcir armoniosamente los ingredientes de esta preparación. Me gusta comenzar agregando los ingredientes más pesados; es decir, los cubos de salmón, crudos y cocidos, así como los de aguacate. Después, añado las rodajas de limón y los cubos de *tamagoyaki*; finalmente, añado la mezcla de hueva de salmón, los chícharos de nieve y espolvoreo cebollín picado y ajonjolí. Finalmente decoro con los chiles al centro del platillo, y está listo para comerlo acompañado con la crema de limón con *wasabi*.

En Occidente, parece que en términos de sushi solo se pueden encontrar rollos *maki* o *nigiris*; sin embargo, existen muchas más opciones. El *chirashi-zushi*, o literalmente sushi esparcido, es una de ellas. Este es un platillo casero muy colorido, en el que todo tipo de ingredientes se esparcen en la superficie del arroz. La versión que presento a continuación es a base de salmón, a la cual le doy un toque ahumado e intenso con mi aderezo nikkei de anticucho. Prepare esta receta para una ocasión importante; visualmente, es un platillo que llama la atención y seguramente impresionará a sus invitados.

CHIRASHI-ZUSHI NIKKEI

SALMÓN CON MARINADA DE ANTICUCHO, SASHIMI DE SALMÓN, HUEVA DE SALMÓN, LIMÓN Y AGUACATE

Esta versión francófona del amado ceviche resultó luego de una inspiración en mis días en el Cordon Bleu. Utilizo una gran variedad de hierbas frescas con *wasabi* y limón para obtener una marinada muy aromática para el pescado crudo. La cama de manzanas aporta una deliciosa textura crujiente y una acidez refrescante.

TARTAR DE BESUGO

CON LIMÓN, HIERBAS FRESCAS Y ADEREZO DE WASABI SOBRE CAMA DE MANZANAS

RENDIMIENTO: 10 PORCIONES

Aderezo de *wasabi*
15 g de pasta de *wasabi*
4 cucharadas de aceite
  de girasol
2 cucharaditas de aceite
  de ajonjolí
la ralladura y el jugo
  de 1 limón

Tartar
¼ de taza de hojas de *shiso*
  + 4 ramas pequeñas para
  decorar
⅓ de taza de hojas
  de estragón + 4 ramas
  pequeñas para decorar
½ taza de hojas de menta
  + 4 ramas pequeñas para
  decorar
½ taza de hojas de albahaca
  + 4 ramas pequeñas para
  decorar
200 g de filete de besugo
  sin piel
2 manzanas verdes
  descorazonadas
sal y pimienta al gusto

Montaje
4 ramas pequeñas de *shiso*
4 ramas pequeñas
  de estragón
4 ramas pequeñas de menta
4 ramas pequeñas
  de albahaca
1 cebolla de primavera
  o 1 cebolla cambray tierna
  con hojas, picada finamente
10 g de de cebollín picado
  finamente
aceite de oliva al gusto

Aderezo de *wasabi*
Mezcle todos los ingredientes en un recipiente grande que tenga tapa hasta que el *wasabi* se disuelva por completo. Resérvelo.

Tartar
Lave todas las hojas y séquelas bien. Píquelas finamente, añádalas al aderezo de *wasabi*, agregue sal y pimienta al gusto, tape y refrigere. Pique finamente la cebolla de primavera o la cebolla cambray tierna con hojas y el cebollín; y resérvelos por separado en refrigeración.

Retire cualquier resto de carne café del filete de besugo con un cuchillo con buen filo, así como cualquier espina. Córtelo en cubos de 1 centímetro y añádalos al recipiente con el aderezo de *wasabi* mezclado con las hierbas. Deje reposar la mezcla en un lugar fresco durante un máximo de 10 minutos.

Corte las manzanas en cuartos y después, con una mandolina o un cuchillo filoso, en tiras muy delgadas.

Montaje
Coloque un aro de 8 centímetros en el centro de un plato y distribuya una cuarta parte de las tiras de manzana, la cual deberá tener una altura no mayor a 2 centímetros. Cubra las manzanas con una cuarta parte del *tartar* de besugo con hierbas y presiónelo ligeramente con una cuchara.

Retire delicadamente el aro jalándolo hacia arriba y presionando ligeramente la preparación. Repita este paso y el anterior tres veces más con el resto de la mezcla de manzana y *tartar*.

Decore las preparaciones con las ramas de hierbas, rocíelas con un poco de aceite de oliva y espolvoree el cebollín y la cebolla cambray picados. Añada un poco más de sal y pimienta y sirva.

El rocoto es un ají peruano muy picante; se utiliza para una gran cantidad de platillos, ya sea molido como condimento para salsas y sopas, como salsa de mesa, o como una pasta concentrada.

El palmito es un alimento sumamente popular en Brasil y se consume frescos en ensaladas y pasteles salados. Si no los consigue frescos, sugiero emplear los que se venden conservados en frascos, pero los enlatados funcionan también para esta receta. Su sabor es similar a los brotes de bambú, las alcachofas y los corazones de alcachofa.

Para la leche de tigre de esta receta utilizo como base rocotos y toronja, en la cual marino los cubos de atún y los sirvo sobre una cama de palmitos. Es fácil y rápida de preparar, ya que requiere de muy pocos ingredientes. Si elabora la leche de tigre hasta con 2 días de anticipación, lo único que tendrá que hacer al momento de servir será rebanar los palmitos y cortar el atún.

ATÚN, ROCOTO Y LECHE DE TIGRE DE TORONJA CON PALMITO

RENDIMIENTO: 4 PORCIONES

Leche de tigre de rocoto y toronja

2 cucharaditas de pasta
  de rocoto
2 cucharadas de salsa
  de soya
1½ cucharadas de azúcar de
  coco o de azúcar mascabado
2 cucharaditas de ralladura
  de toronja
4 cucharadas de jugo
  de toronja
1 cucharada de jugo de limón
¼ de cucharadita de *dashi*
  en polvo
2 cucharadas de aceite
  de oliva extra virgen

Montaje

1 trozo de 250 g de atún
  sin piel
250 g de palmitos
4 cucharadas de brotes de
  daikon, rábano, o la hierba
  de su preferencia
ajonjolí tostado, al gusto
flor de sal o de sal de mar, al
  gusto

Leche de tigre de rocoto y toronja

Mezcle en un tazón todos los ingredientes, excepto el aceite de oliva. Pruebe y ajuste la acidez y el picante a su gusto. Añada el aceite de oliva y mézclelo con un batidor globo hasta obtener una emulsión.

Montaje

Corte el atún en cubos de 1.5 centímetros. Añádales la leche de tigre y déjelos marinar durante 5 minutos como máximo.

Si utiliza palmitos enlatados, enjuáguelos con suficiente agua fría. Escurra bien los palmitos y córtelos en rodajas de 1 centímetro de grosor. Colóquelas en un platón o en platos individuales sin encimarlas.

Distribuya los cubos de atún al centro de las rebanadas de palmitos, báñelos con la leche de tigre de rocoto y toronja y decore con los brotes. Antes de servir, espolvoree ajonjolí tostado y sal al gusto.

Técnicamente, la nuez de Brasil es una semilla y no una nuez. Pero efectivamente es brasileña, del Estado de Pará que se encuentra al norte del país, colindante con el Estado del Amazonas, donde se le conoce como nuez de Pará.

Muchas personas en Asia son intolerantes a la lactosa. Afortunadamente no es mi caso, pero sí el de una gran cantidad de mis clientes en mi club; esta receta fue concebida pensando en ellos. La leche de nuez de Brasil tiene un delicioso sabor anuezado; es espesa y cremosa, así como una pareja ideal para el aderezo de trufa y *dashi* de hongos *shiitake*.

Deje reposar el pescado en la leche de tigre únicamente durante algunos minutos antes de servirlo; para ello, es recomendable que prepare el aderezo hasta con 2 días de anticipación.

CEVICHE DE ROBALO

CON LECHE DE NUEZ DE BRASIL, DASHI DE HONGOS SHIITAKE Y TRUFA

RENDIMIENTO: 4 PORCIONES

Leche de nuez de Brasil
300 g de nueces de Brasil
500 ml de agua

Dashi de *shiitake*
1 cucharadita de *dashi* en polvo
1 cucharadita de azúcar
  mascabado
300 ml de agua caliente
2 hongos *shiitake* grandes
  deshidratados

Aderezo
¼ de taza de *dashi* de *shiitake*
½ taza de leche de nuez
  de Brasil
½ chile de árbol rojo fresco,
  sin semillas ni venas
  y picado finamente
1 cucharadita de aceite
  de trufa
sal de mar, al gusto

Montaje
1 filete de robalo de 250 g,
  sin piel ni espinas
1 aguacate cortado en cubos
  de 1 cm
el jugo de 1 limón
1 cucharadita de flor de sal
  o de sal de mar, al gusto
2 cucharadas de hojas
  de cilantro
2 nueces de Brasil sin
  cáscara, troceadas
sal de mar y pimienta al gusto

Leche de nuez de Brasil

Muela en una licuadora o procesador de alimentos las nueces de Brasil con el agua durante 5 minutos. Transfiera la leche de Brasil a un recipiente con tapa y déjela reposar en refrigeración durante 1 hora.

Cuele la leche y regrese el líquido al refrigerador. Reserve las nueces molidas para otras preparaciones, como galletas o bases para pasteles.

Dashi de *shiitake*

Disuelva el *dashi* en polvo y el azúcar mascabado en el agua caliente. Añada los hongos *shiitake* y deje que se hidraten durante 1 hora. Cuele y reserve el líquido, es decir, el *dashi* de *shiitake*. Corte los hongos en láminas delgadas y resérvelos.

Aderezo

Mezcle en un tazón todos los ingredientes hasta obtener una emulsión. Reserve.

Montaje

Corte el filete de robalo en cubos de 1 centímetro de grosor. Mézclelos en un tazón con los cubos de aguacate, el jugo de limón y la sal. Deje reposar la preparación durante 5 minutos.

Distribuya la preparación de pescado y aguacate en platos y báñela con el aderezo; añada encima las láminas de hongo *shiitake* que reservó y las hojas de cilantro. Espolvoree la nuez de Brasil troceada, sal y pimienta al gusto, y sirva.

Nota. Puede sustituir la leche de nuez de Brasil casera por leche vegetal comercial, sin azúcar añadida, como la de avellana o almendra.

Hace algunos años, en un viaje a la Península de Yucatán, probé unas increíbles tostadas de pollo deshebrado con frijoles refritos, aguacate, crema y lechuga. Me gustaron tanto, que no podía esperar llegar a casa para experimentar con este platillo y ponerle mi sello nikkei.

Para esta versión utilizo *sashimi* de atún, pero se pueden preparar con salmón o cualquier otro pescado para sushi. Esta tostada nikkei puede servirse como bocadillo o como plato fuerte. Debe ser muy colorida y tener la textura crujiente que uno espera en una tostada. La crema de *wasabi* y limón es un componente muy importante, ya que aporta acidez y un poco de picante. Esta tostada de *sashimi* se ha convertido en un canapé muy popular en mis clubes japonés y nikkei de Londres.

TOSTADA DE SASHIMI DE ATÚN
CON TORONJA, AGUACATE, CREMA DE WASABI Y LIMÓN

RENDIMIENTO: 4 PORCIONES

2 tortillas de maíz grandes
2 cucharadas de aceite
 de oliva
flor de sal o de sal de mar,
 al gusto
½ toronja pelada
1 trozo de atún de 150 g,
 sin piel
½ receta de crema de *wasabi*
 y limón (ver pág. 237)
½ aguacate cortado en cubos
 de 1 cm
2 cucharadas de cebolla
 morada
4 cucharaditas de hueva
 de pescado
½ chile de árbol rojo fresco,
 sin semillas ni venas
 y picado finamente
2 cucharadas de aceite
 de cilantro (ver pág. 236)
1 cucharadita de ajonjolí
 tostado
hojas de cilantro al gusto
shichimi al gusto

Precaliente el horno a 200 °C. Cubra una charola para hornear con papel siliconado.

Pique las tortillas con un tenedor, barnícelas por ambos lados con el aceite de oliva y espolvoréeles un poco de sal. Córtelas en cuartos, colóquelas en la charola y cúbralas con otra charola. Hornéelas durante 2 minutos, voltéelas y hornéelas durante 2 minutos más hasta que se doren ligeramente. Sáquelas del horno y déjelas enfriar sobre una rejilla.

Separe la toronja en gajos y retíreles con cuidado la piel blanca que los recubre. Resérvelos.

Corte el trozo de atún en rebanadas de 2 milímetros de grosor.

Acomode los triángulos de tostada en un plato de manera que den la apariencia de ser una tortilla entera. Úntelos con la mitad de la crema de *wasabi* y limón, distribuya encima las rebanadas de atún y cúbralas con el resto de la crema de *wasabi*. Acomode encima los cubos de aguacate, la cebolla morada, la hueva de pescado y el chile de árbol picado; rocíe el aceite de cilantro y añada las hojas de cilantro. Antes de servir, espolvoree sal, ajonjolí y *shichimi* al gusto.

RENDIMIENTO: 4 PORCIONES

8 espárragos tiernos
12 camarones medianos
150 g de calamares *baby*
limpios, sin cabeza
4 callos de hacha sin concha
2 cucharadas de salsa
de soya ligera
1 cucharada de vinagre
de arroz
1 cucharada de aceite
de ajonjolí
2 pizcas de flor de sal o de sal
de mar
150 g de almejas
1 receta de arroz para sushi
(ver pág. 226)
3 cucharadas de cebollín
picado finamente + cantidad
al gusto para decorar
1 cucharada de ajonjolí
tostado + cantidad al gusto
para decorar
1 cucharada de alga *nori*
picada
2 cucharadas de hueva
de pescado
½ receta de salsa chifa
(ver pág. 237)
4 gajos de limón
shichimi al gusto

Retire la parte fibrosa de los espárragos. Ponga sobre el fuego un sartén con suficiente agua y un poco de sal para cocer allí los espárragos; cuando hierva, sumerja los espárragos y cuézalos durante 2 minutos. Escúrralos y sumérjalos en un tazón con agua fría y cubos de hielo. Escúrralos nuevamente, corte 2 centímetros de las puntas y resérvelas; corte el resto de los espárragos en trozos de ½ centímetro y resérvelos.

Retire las cabezas de los camarones, pélelos y retire las colas, excepto las de 4 camarones. Hágales una pequeña incisión en el dorso y retíreles las vísceras. Corte los camarones sin cola por la mitad a lo largo y reserve todos los camarones en refrigeración. Reserve 4 calamares enteros con sus tentáculos y corte el resto en rodajas delgadas, incluyendo los tentáculos.

Coloque en un tazón los camarones, los calamares, los callos, la salsa de soya, el vinagre de arroz, el aceite de ajonjolí y la sal; mezcle delicadamente y deje reposar la preparación en refrigeración durante 30 minutos.

Cueza las almejas al vapor entre 4 y 5 minutos o hasta que se abran; deseche las que no lo hagan.

Precaliente el *grill* o asador del horno. Cubra una charola para hornear con papel aluminio, distribuya en ella los camarones, calamares y callos, acomodando por separado los camarones y calamares enteros de los picados. Hornéelos durante 2 minutos. Rectifique la cocción de los mariscos picados y de los callos; si ya están bien cocidos, retírelos y resérvelos; continúe la cocción de las piezas enteras durante un par de minutos más.

Añada en un barril de sushi los espárragos picados, el cebollín picado, las mitades de camarón, las rodajas de calamar, las almejas, reservando 8 para decorar, y el ajonjolí; mezcle bien.

Forme en un refractario o recipiente para hornear grande una cama de 2.5 centímetros de altura con el arroz mezclado con espárragos y mariscos. Espolvoree el alga *nori* picada y distribuya armoniosamente los camarones, calamares y almejas restantes, los callos y las puntas de espárrago. Distribuya encima la hueva de pescado y rocíe la salsa chifa por los lados y en la superficie, pero sin cubrir toda la preparación. Hornee la preparación entre 2 y 3 minutos o hasta que la salsa se haya dorado.

Retire la preparación del horno, espolvoréele cebollín picado, ajonjolí tostado y *shichimi* al gusto. Sirva con los gajos de limón.

Nota. Si su horno no cuenta con la función de *grill* o asador, realice este paso con un soplete de cocina.

Esta receta es de mis platillos predilectos. Es un tipo de *maze-sushi* (un plato de arroz con varios ingredientes mezclados) muy colorido y visualmente atractivo: el arroz se combina con una selección de deliciosos mariscos y una salsa cremosa y picante y se termina en el *grill* del horno. Es un increíble plato fuerte y estoy seguro de que difícilmente ha probado un sushi como éste. Seguramente se convertirá en uno de sus favoritos.

SUSHI DE MARISCOS AL GRILL CON SALSA CHIFA PICANTE

Mitsuharu Tsumura, conocido como Micha, es uno de los chefs peruano-japoneses más reconocidos en Perú. Su restaurante Maido en Miraflores está posicionado como uno de los 10 de 50 mejores restaurantes en América Latina, según la lista de San Pellegrino. Un plato de ceviche nikkei increíblemente sofisticado es la propuesta de Micha de un matrimonio entre ambas culturas.

CEVICHE NIKKEI DE MICHA

RENDIMIENTO: 1 PORCIÓN

Dashi
12 g de alga *kombu*
1 ℓ de agua
1½ tazas de *katsuoboshi* (hojuelas de bonito deshidratadas)

Salsa *ponzu*
⅓ de taza de *mirin*
½ taza de vinagre de arroz
½ taza de salsa de soya ligera
½ taza de salsa *tamari*
⅓ de taza de *dashi*
¼ de taza de jugo de limón
la ralladura de 2 limones

Salsa de ceviche
3-4 limones
525 ml de *dashi*
6 g de ajo rallado
2½ cucharaditas de sal
25 g de recortes de pescado blanco
2 ramas de apio

Ceviche nikkei
1 callo de hacha
¼ de taza de cubos de 2 cm de cabrilla o de cualquier pescado de roca

1 camarón sin cabeza ni cola, pelado y sin vísceras, blanqueado
½ taza de salsa de ceviche
4 cucharaditas de salsa *ponzu*
¼ de chile jalapeño rojo picado

4 ramas de cilantro
2 gónadas de erizo de mar o 2 cucharaditas de hueva de pescado
20 g de cebolla morada fileteada
1 concha de erizo de mar

1 cubo de hielo
sal al gusto
ajo rallado, al gusto
jengibre fresco rallado, al gusto

Para elaborar esta preparación, deberá comenzar la noche anterior.

Dashi

Sumerja el alga *kombu* en un tazón con el agua durante 12 horas. Vierta el agua y el alga en una olla y póngala sobre el fuego. Cuando tenga una temperatura de 80 °C, añada el *katsuobushi*. Retire la olla del fuego, tápela y deje reposar durante 20 minutos. Pase el líquido o *dashi* a través de una coladera de malla fina o una manta de cielo y resérvelo.

Salsa *ponzu*

Coloque el *mirin* sobre el fuego y deje que apenas hierva para que el alcohol se evapore. Mezcle en un tazón todos los ingredientes y reserve la salsa en refrigeración.

Salsa de ceviche

Corte los limones por la mitad y exprímalos. Mezcle en un tazón grande de vidrio o de acero inoxidable el jugo de limón con el *dashi*, el ajo rallado y la sal.

Corte los recortes de pescado en cubos pequeños y añádalos a la mezcla anterior. Golpee las ramas de apio con un tenderizador de carne y agréguelos a la mezcla. Cubra el recipiente con plástico autoadherente y refrigere la preparación.

Ceviche nikkei

Cueza ligeramente los callos de hacha con un soplete durante algunos segundos. Para evitar que se sobrecuezan, sumerja cada uno, después de haberlos sometido al fuego del soplete, durante 5 segundos en un tazón con agua helada; escúrralos.

Coloque los callos en un tazón con los cubos de cabrilla y el camarón. Añada al gusto sal, ajo y jengibre rallados. Bañe la preparación con la salsa de ceviche y la de *ponzu*, mezcle bien y agregue el chile jalapeño picado y las ramas de cilantro. Justo antes de servir, agregue las gónadas de erizo de mar o la hueva de pescado.

Sirva el ceviche sin su líquido en las conchas de los erizos o en un tazón individual. Decórelo con la cebolla morada fileteada y bañe con el líquido de marinación. Sirva el ceviche bien frío con el cubo de hielo.

El limón es uno de mis ingredientes predilectos para condimentar la leche de tigre nikkei; sin embargo, existe una gama interesante de frutas con las que se puede experimentar. En esta receta utilizo maracuyá y ají amarillo para obtener un aderezo con una acidez vibrante que complemente la grasa del salmón. Termino el plato con un poco de *shichimi* para un toque picante.

TIRADITO DE SALMÓN Y MARACUYÁ
CON ESPAGUETI CRUJIENTE DE CALABAZA Y SHICHIMI

RENDIMIENTO: 4 PORCIONES

Leche de tigre de maracuyá
50 g de pulpa de maracuyá con semillas
1 cucharadita de pasta de ají amarillo
el jugo de 1 limón
¼ de cucharadita de sal
1 diente de ajo
1 rodaja de jengibre fresco de 1 cm
1 cucharada de *mirin*
1 cucharada de azúcar
¼ de chalota picada finamente
2 cucharadas de cilantro picado finamente

Tiradito
cantidad suficiente de aceite de girasol para freír
1 taza de espagueti de calabaza de Castilla, crudo
1 pizca de flor de sal o de sal de mar + cantidad al gusto
1 filete de salmón de 200 g, sin piel
hojas de cilantro al gusto
shichimi al gusto

Leche de tigre de maracuyá

Extraiga de la pulpa 1 cucharada de semillas de maracuyá y resérvelas. Muela en el procesador de alimentos todos los ingredientes, excepto el cilantro picado. Pase la preparación a través de un colador de malla fina, incorpórele el cilantro, y resérvela en refrigeración.

Tiradito

Llene una tercera parte de un olla con aceite y póngala sobre el fuego; cuando tenga una temperatura de 140 °C, añada los espaguetis de calabaza y fríalos durante 2½ minutos o hasta que se doren. Retírelos del aceite con una espumadera, colóquelos sobre papel absorbente y espolvoréelos con la flor de sal o de sal de mar.

Retire cualquier resto de carne café del filete de salmón y córtelo en rebanadas muy delgadas; distribúyalas a lo largo de platos individuales. Bañe cada cama de salmón con 2 o 3 cucharadas de la leche de tigre de maracuyá, distribuya alrededor las semillas de maracuyá que reservó y coloque encima el espagueti de calabaza frito. Decore con hojas de cilantro al gusto y espolvoree un poco de sal y *shichimi* al gusto.

Notas. Existen en el mercado distintos utensilios para hacer espagueti de verduras; sin embargo, puede hacer el espagueti de calabaza con un rallador para queso, o bien, cortar rebanadas delgadas con una mandolina y después cortar éstas en tiras delgadas. Si no consigue la pasta de ají amarillo puede sustituirla por una pasta casera de chile habanero o manzano fresco. El sabor no es el mismo, pero funciona. Para ello, retire las semillas y venas a algunos chiles habaneros anaranjados o manzanos. Hiérvalos durante 5 minutos, escúrralos, y repita este proceso dos veces más. Muélalos en un procesador de alimentos hasta obtener una pasta. Si lo desea, añada un poco de pimiento amarillo, hervido y molido también, para atenuar el picor de la pasta.

ARROZ Y FIDEOS

El *mentaiko*, que es hueva picante de abadejo, es uno de los productos principales de la cocina de la isla Kyushu en Japón. Se consume de varias formas: como acompañamiento del arroz, espolvoreado seco y rallado sobre alimentos salados o para condimentar una salsa de espagueti; esta última es probablemente el uso más popular en Japón. Esta receta, que no es estrictamente nikkei pero que me encanta, quise incluirla como ejemplo de la fuerte influencia europea en la cocina japonesa, muy popular en todo el país. A esta versión le añadí almejas y queso parmesano para obtener un tipo de *spaghetti alle vongole* a la japonesa.

ESPAGUETI MENTAIKO CON ALMEJAS Y QUESO PARMESANO

RENDIMIENTO: 4 PORCIONES

300 g de almejas
35 g de mantequilla
2 cucharadas de aceite de oliva extra virgen
125 g de *mentaiko*
50 g de *mayoneizu* (ver pág. 232)
1 yema
2 cucharadas de salsa de soya
2 cucharadas de *mirin*
340 g de espagueti
1 cucharadita de *shichimi* + cantidad al gusto
2 cucharadas de queso parmesano rallado
4 cucharadas de cebollín picado finamente
1 cucharada de ajonjolí tostado
alga *nori* cortada en tiras delgadas, al gusto

Lave las almejas tallándolas con un cepillo bajo el chorro de agua fría; deseche aquellas que estén rotas o ligeramente abiertas.

Ponga sobre el fuego una olla con la mantequilla y el aceite de oliva, cuando la mantequilla se derrita, añada las almejas y tape la olla. Baje el fuego a media intensidad y deje cocer las almejas durante 4 minutos. Transcurrido este tiempo, si quedan algunas que no se hayan abierto, continúe la cocción durante 1 minuto más. Retírelas del fuego y deseche cualquier almeja que no se haya abierto.

Mezcle en un tazón grande el *mentaiko*, la *mayoneizu*, la yema, la salsa de soya y el *mirin*. Reserve.

Ponga sobre el fuego una olla con suficiente agua para cocer los espaguetis. Cuando hierva, añada un poco de sal y los espaguetis; déjelos hasta que se cuezan al dente, siguiendo las instrucciones del empaque. Escúrralo y resérvelo.

Saque las almejas de su líquido de cocción. Ponga sobre el fuego un sartén con el líquido de cocción de las almejas; cuando se caliente, añada el espagueti cocido y saltéelo durante 30 segundos; sazónelo con el *shichimi* e incorpórele la mezcla de *mentaiko*, el queso parmesano y el cebollín.

Distribuya el espagueti en platos individuales formando un montón cilíndrico con ayuda de un tenedor y una cuchara; esto ayudará a que la pasta se conserve caliente por más tiempo. Coloque las almejas alrededor de la pasta, espolvoree con *shichimi* al gusto y el ajonjolí tostado; decore con las tiras de alga *nori* al gusto.

Uno de los platillos favoritos en casa son los fideos *somen* servidos en frío. Recuerdo a mi padre comer varios tazones de estos fideos durante los días sumamente calurosos de verano en São Paulo. En Japón, un platillo similar llamado *zaru soba* y elaborado con fideos de trigo sarraceno, se consume en los meses calurosos.

En Brasil abundan el limón y los chiles rojos. En esta receta nikkei estos ingredientes aportan frescura y un toque sudamericano a una receta japonesa que es un distintivo del verano. El caldo de *dashi* debe ser traslúcido y de preferencia hecho en casa, ya que el *dashi* comercial o en polvo no funcionaría tan bien en esta receta. Cada elemento del plato debe estar bien frío antes del montaje; de esta forma, estará seguro que probará uno de los platillos más refrescantes en su vida.

FIDEOS SOMEN FRÍOS EN CALDO DE DASHI CON CHILE, LIMÓN Y HIELO

RENDIMIENTO: 4 PORCIONES

900 ml de *dashi* primario
(ver pág. 230)
4 cucharadas de salsa de
soya
4 cucharadas de *mirin*
2 cucharaditas de azúcar
4 chiles rojos frescos,
sin semillas ni venas
1 trozo de jengibre fresco
de 2.5 cm
cantidad suficiente de aceite
para freír
300 g de fideos *somen*
delgados
2 cucharadas de cebollín
picado finamente,
refrigerado
1 cucharada de ajonjolí
tostado
8 gajos de limón
shichimi al gusto

Ponga sobre el fuego una olla con el *dashi*, la salsa de soya, el *mirin* y el azúcar; cuando la preparación hierva, baje el fuego y caliéntela durante un par de minutos. Retírela del fuego, déjela enfriar y resérvela en refrigeración.

Llene un molde para cubos de hielo con el *dashi* frío e introdúzcalo en el congelador.

Corte el chile diagonalmente en rodajas delgadas. Pele el jengibre, rállelo y mézclelo en el *dashi*; añada la mitad de las rodajas de chile. Deje reposar el *dashi* durante 1 hora a temperatura ambiente y después consérvelo en refrigeración.

Ponga sobre el fuego un sartén con un poco de aceite; cuando tenga una temperatura de 160 °C, fría las rodajas de chile restantes durante 30 segundos. Sáquelas del aceite y colóquelas sobre papel absorbente.

Coloque un sartén amplio con suficiente agua para sumergir los fideos. Cuando hierva, añada un poco de sal y los fideos; déjelos hervir durante 2 minutos. Escúrralos y enfríelos bajo el chorro de agua fría. Mézclelos con el cebollín picado.

Distribuya los fideos en platos ligeramente hondos, añada el *dashi* y los cubos de hielo de *dashi*. Coloque encima de los fideos las rodajas de chile frito y espolvoree el ajonjolí tostado y *shichimi* al gusto. Acompañe con los gajos de limón.

Nota. No cueza los fideos previamente, sino hasta el último momento, antes de que vaya a servirlos, ya que después de 15 minutos comenzarán a perder su textura y se tornarán aguados y pegajosos fuera del agua.

En esta receta, los delgados y delicados fideos japoneses *somen* se complementan con pollo deshebrado y un cremoso aderezo de ajonjolí para crear una ligera y refrescante ensalada, ideal para los días calurosos. El huevo marinado conocido como *ajitsuke tamago*, puede prepararse con 2 días de anticipación y conservarse en refrigeración; estos huevos hacen de esta ensalada un platillo excepcional.

FIDEOS SOMEN Y ENSALADA DE POLLO
CON HUEVO MARINADO Y ADEREZO CREMOSO DE AJONJOLÍ

RENDIMIENTO: 4 PORCIONES

Pollo

1 pechuga de pollo o 2 muslos
  de pollo sin hueso, con
  la piel aparte
1 trozo de jengibre de 3 cm
  con piel, cortado en rodajas
1 cebolla de primavera
  o cebolla cambray tierna
  con hojas, picada

Aderezo *goma*

¼ de taza de *tahini* (pasta
  de ajonjolí)
1 cucharada de salsa de soya
  ligera
2 cucharadas de *mirin*
1 cucharada de vinagre
  de arroz
1 cucharadita de azúcar
sal al gusto
shichimi al gusto

Ensalada

1 chile jalapeño rojo
¾ de taza de aceite de girasol
150 g de fideos *somen*
10 g de cebollín picado
  finamente + cantidad
  suficiente para decorar
½ pepino sin semillas,
  cortado en tiras delgadas
½ taza de hojas de berro
  o brotes de la hierba
  de su preferencia
2 huevos marinados
  (ver pág. 242)
ajonjolí tostado, al gusto
shichimi al gusto

Pollo

Ponga sobre fuego medio una olla con la pechuga o los muslos de pollo, las rodajas de jengibre, la cebolla de primavera o cambray y agua suficiente para que cubra los ingredientes. Cueza durante 15 minutos o hasta que el pollo esté bien cocido. Retire la olla del fuego y deje enfriar el pollo en su caldo.

Precaliente el horno a 200 °C.

Retire toda la grasa de la piel del pollo con ayuda de un cuchillo, sin romper esta última. Cubra una charola para hornear con papel siliconado, coloque encima la piel de pollo bien extendida y cúbrala con otra charola. Hornéela durante 10 minutos o hasta que se dore un poco y esté ligeramente crujiente. Déjela enfriar sobre una rejilla y después córtela en 4 triángulos. Resérvelos.

Saque el pollo del caldo y reserve este último. Deshebre finamente el pollo, salpimiéntelo al gusto y resérvelo.

Aderezo *goma*

Mezcle en un tazón todos los ingredientes. Añada 1 cucharada del caldo de pollo que reservó y mezcle bien. Continúe añadiendo caldo de pollo de esta manera hasta que obtenga una consistencia de crema ligera. Rectifique la sazón añadiendo sal y *shichimi* al gusto. Reserve.

Ensalada

Corte en rodajas el chile jalapeño y retíreles las semillas. Fríalas en el aceite de girasol durante 30 segundos y déjelas reposar en papel absorbente.

Coloque sobre el fuego un sartén amplio con suficiente agua para sumergir en ella los fideos. Cuando hierva, añádale un poco de sal y cueza en ella los fideos *somen* entre 2 y 3 minutos. Escúrralos, enfríelos bajo el chorro de agua fría y déjelos drenar durante 3 minutos.

Mezcle en un tazón, con las manos, los fideos con el cebollín picado; distribúyalos en forma de montoncitos en platos individuales. Coloque encima el pollo deshebrado, báñelo con 2 a 4 cucharadas del aderezo y añádale encima las tiras de pepino, las hojas de berro o los brotes y rodajas de chile jalapeño frito, al gusto. Inserte los triángulos de piel de pollo en la preparación y espolvoree el cebollín que reservó, ajonjolí tostado y *shichimi* al gusto.

Corte los huevos marinados por la mitad a lo largo; procure que la yema no se escurra. Colóquelos a un lado de los fideos y sirva.

Nota. No cueza los fideos previamente, sino hasta el último momento, antes de que vaya a servirlos, ya que después de 15 minutos comenzarán a perder su textura y se tornarán aguados y pegajosos fuera del agua.

Preparado con fideos de huevo, el *yakisoba* es uno de los platillos callejeros más populares en Japón y en Brasil. Omnipresente en la ciudad de São Paulo, se puede encontrar en restaurantes de cocina japonesa, nikkei y brasileña con un sinfín de variantes. Esta receta conjunta en un solo platillo vegetales crujientes, fideos caramelizados y carne de cerdo y camarones salteados.

YAKISOBA ESTILO SÃO PAULO

RENDIMIENTO: 4 PORCIONES

Salsa *yakisoba*

6 cucharadas de salsa inglesa
2 cucharadas de salsa de ostión
2 cucharadas de salsa cátsup
4 cucharaditas de salsa de soya
4 cucharaditas de azúcar

Yakisoba estilo São Paulo

400 g de fideos de huevo frescos o secos (fideos para *ramen*)
2 cucharaditas de aceite de ajonjolí + 1 cucharada
½ cucharadita de pimienta blanca molida
2 cucharadas de aceite de girasol
250 g de panza de cerdo cortada en tiras
100 g de cebolla fileteada
2 dientes de ajo cortados en láminas
4 hongos *shiitake* frescos o hidratados, rebanados
150 g de zanahoria cortada en tiras delgadas
150 g de col blanca cortada en trozos de 2 cm
100 g de cebollas de primavera o cebollas cambray tiernas con hojas, cortadas en trozos de 2 cm

12 camarones grandes sin cabeza, pelados y sin intestinos
⅔ de taza de *katsuobushi* (hojuelas de bonito deshidratado)

2 cucharaditas de alga *nori* en polvo
2 cucharaditas de jengibre rojo encurtido
2 cucharaditas de ajonjolí tostado

Salsa *yakisoba*

Mezcle en un tazón todos los ingredientes y resérvela.

Yakisoba estilo São Paulo

Ponga sobre el fuego un sartén amplio con suficiente agua para sumergir en ella los fideos. Cuando hierva, añádale un poco de sal y cueza en ella los fideos durante 1 minuto menos que el tiempo indicado en el empaque. Enfríelos bajo el chorro de agua fría, escúrralos bien y mézclelos con las 2 cucharaditas de aceite de ajonjolí. Resérvelos.

Mezcle la salsa *yakisoba* con la pimienta blanca y resérvela. Aliste todos los ingredientes restantes para añadirlos a la preparación.

Ponga sobre el fuego un *wok* o un sartén grande con el aceite de girasol; cuando empiece a humear, saltee las tiras de panza de cerdo entre 2 y 3 minutos sin que se doren. Añada la cebolla fileteada y las láminas de ajo; continúe salteando durante 1 minuto más y agregue los hongos *shiitake*, las tiras de zanahoria y los trozos de col; saltee durante un par de minutos más o hasta que la zanahoria y la col estén suaves, pero crujientes. Después, agregue los trozos de cebollas de primavera o cambray y los camarones; saltee durante 1 minuto más o hasta que los camarones estén cocidos. Finalmente, añada los fideos y la salsa *yaki-soba*. Para mezclar bien todos los ingredientes, levante un poco de ellos con unas pinzas y déjelos caer; repita esta paso las veces que sea necesario. Añada el *katsuobushi* y continúe mezclando con las pinzas hasta que los fideos tengan un color uniforme y la salsa comience a caramelizarse.

Distribuya la preparación en tazones individuales y espolvoree el alga *nori* en polvo, el jengibre rojo encurtido y el ajonjolí tostado. Sirva.

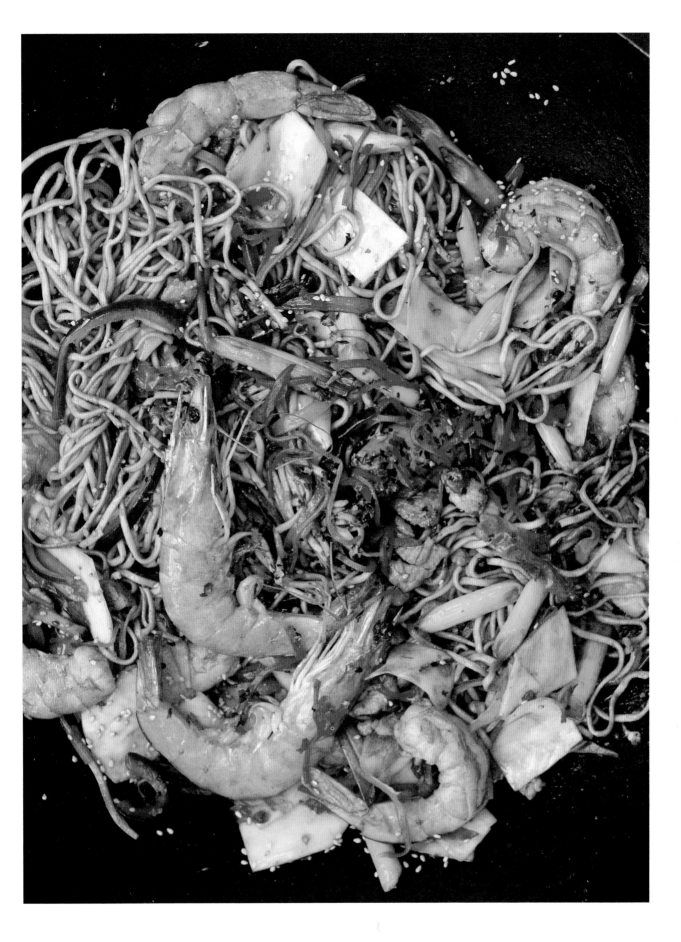

El erizo de mar es un ingrediente favorito en Japón, Francia e Italia. Me gustaría que también lo fuera en el Reino Unido, ya que no es el tipo de ingrediente que encuentres en cualquier pescadería; sin embargo, vale la pena esforzarse un poco para encontrarlo. En esta receta, este increíble ingrediente se utiliza para una pasta japonesa pero al estilo occidental, utilizando ingredientes japoneses como jugo de *yuzu* y hueva de pescado.

LINGÜINI CON ERIZO DE MAR,
HUEVA DE PESCADO Y CREMA DE YUZU

RENDIMIENTO: 4 PORCIONES

Crema de *yuzu*
4 cucharadas de *mayoneizu*
  (ver pág. 232)
2 cucharadas de salsa
  de soya ligera
2 cucharadas de *mirin*
1 yema
1 cucharada de jugo de *yuzu*
½ cucharadita de *shichimi*
  + cantidad al gusto
½ cucharadita de flor de sal
  o de sal de mar

Pasta
400 g de lingüini
2 cucharadas de mantequilla
2 cucharadas de aceite
  de oliva extra virgen
100 g de gónadas de erizo
  de mar (500 g de erizos
  con concha)
2 cucharadas de caviar negro
4 cucharaditas de perejil
  picado + algunas hojas
  para decorar
flor de sal o de sal de mar
  al gusto
shichimi al gusto
flores de ajo al gusto
  (opcional)

Crema de *yuzu*

Bata en un tazón todos los ingredientes. Cubra el tazón y reserve la crema.

Pasta

Ponga sobre el fuego una olla con suficiente agua para sumergir el *lingüini*. Cuando hierva, añádale un poco de sal y cueza en ella el lingüini durante 1 minuto menos que el tiempo indicado en su empaque. Escurra la pasta y resérvela.

Coloque sobre el fuego un sartén grande con la mantequilla y el aceite de oliva; cuando se derrita, añada la pasta y mezcle bien. Reserve entre 4 y 8 gónadas de erizo y agregue el resto al sartén. Mezcle constantemente durante 1 minuto para romper las gónadas de erizo, dejando algunos trozos pequeños. Retire el sartén del fuego e incorpore con movimientos envolventes la crema de *yuzu*, el caviar y el perejil picado. Pruebe y ajuste la cantidad de sal.

Distribuya la pasta en tazones individuales y decore con las gónadas de erizo que reservó, así como con las hojas de perejil. Espolvoree sal, *shichimi* y flores de ajo al gusto; sirva.

Nota. Para sacar las gónadas de las conchas de los erizos si los adquiere completos, necesitará utilizar guantes de látex o un trapo de cocina grueso, dependiendo de cuán largas y filosas sean las espinas. Llene un tazón con agua y sal y resérvelo. Sujete en una de sus manos el erizo con la boca del animal hacia arriba, presione con la punta de unas tijeras la boca del animal para romperla y, posteriormente, corte la cáscara del derredor hasta obtener un orificio de aproximadamente 5 centímetros de diámetro. Escurra el líquido del interior del erizo y retire las vísceras con una cuchara cafetera; posteriormente, con la misma cuchara, saque las gónadas o bolsas naranjas del interior de la concha cuidando de no romperlas. Enjuáguelas en el agua con sal y retíreles la mucosa y cualquier resto de espina que pueda habérseles pegado; escúrralas y resérvelas en un plato.

Una refrescante ensalada de fideos de arroz con una tierna berenjena que literalmente se deshace en la boca y cerdo; éste es uno de mis platillos esenciales del verano. El cerdo *soboro* es el acompañamiento de uno de los platos de arroz más populares en Japón: *soboro gohan*. En esta receta decidí utilizar este delicioso ingrediente cocido lentamente en salsa de soya, azúcar y sake, para crear una ensalada de fideos nikkei. Este platillo se sirve a temperatura ambiente, por lo cual, todos los elementos pueden ser preparados con anticipación y mezclarse al momento de servirlo.

BERENJENA, CERDO Y ENSALADA DE FIDEOS DE ARROZ
CON ADEREZO DE SOYA, CHILE Y JENGIBRE

RENDIMIENTO: 4 PORCIONES

Cerdo *soboro*

2 cucharadas de aceite de
   ajonjolí
300 g de carne de cerdo molida
¼ de taza de *sake*
¼ de taza de *mirin*
½ taza de salsa de soya
1 trozo de jengibre de 2.5 cm
   con piel, rallado
2 cucharaditas de azúcar

Aderezo

½ cucharadita de caldo
   de pollo asiático en polvo,
   diluido en 4 cucharadas
   de agua caliente
1 cucharada de vinagre
   de arroz
1 cucharada de ajonjolí
   tostado
1 cucharada de azúcar
2½ cucharadas de salsa
   de soya
2 cucharaditas de chile rojo
   fresco picado
2 cucharaditas de jengibre
   picado

Ensalada

100 g de fideos de arroz
1 cucharada de hojas de cilantro
   picadas finamente + cantidad
   al gusto para decorar
cantidad suficiente de aceite
   de girasol para freír
2 berenjenas
2 cucharaditas de ajonjolí
   tostado
1 pizca de *shichimi*

Cerdo *soboro*

Ponga sobre el fuego un sartén con el aceite de ajonjolí; cuando se caliente, añada todos los ingredientes. Baje la intensidad del fuego y deje cocer la preparación entre 20 y 30 minutos o hasta que casi todo el líquido se haya evaporado. Retire la preparación del fuego y resérvela.

Aderezo

Mezcle todos los ingredientes y resérvelo.

Ensalada

Ponga sobre el fuego una olla con suficiente agua para sumergir los fideos de arroz. Cuando hierva, añádale un poco de sal y cueza en ella los fideos de arroz hasta que queden al dente. Escúrralos, enfríelos bajo el chorro de agua fría, mézclelos con el cilantro picado y resérvelo.

Ponga sobre el fuego un sartén lo suficientemente grande para que quepan las 2 berenjenas completas y llénelo hasta la mitad con aceite de girasol. Realice algunas incisiones en toda la piel de las berenjenas. Cuando el aceite tenga una temperatura de 170 °C, añada las berenjenas y fríalas entre 5 y 6 minutos, girándolas cada minuto para asegurar una fritura uniforme.

Saque las berenjenas del aceite, escúrralas bien y sumérjalas en un tazón grande con agua y hielos hasta que se hayan enfriado. Escúrralas y retíreles la piel. Córtelas por la mitad a lo largo; después, corte a lo largo cada mitad para obtener 8 trozos. Corte diagonalmente cada uno de los trozos de berenjena en rebanadas de 1½ centímetros de grosor. Distribúyalas a lo largo de dos platos de servicio ligeramente encimadas.

Distribuya los fideos de arroz horizontalmente sobre las camas de berenjena y báñelos con un poco del aderezo. Coloque el cerdo *soboro* sobre los fideos y bañe con el resto del aderezo. Decore con un poco de cilantro picado y espolvoree el ajonjolí tostado y el *shichimi*.

El arroz con pollo es un platillo que se consume en España y Latinoamérica; sin embargo, su origen se disputa entre varios países, los cuales aseguran que es su platillo nacional. En esta receta el pollo y el arroz se cocinan en cerveza para darle al platillo un sabor y calidad incomparables.

En Japón, el *takikomi gohan* o arroz condimentado, es un platillo básico familiar; cada hogar tiene su propia receta y el pollo es uno de los ingredientes más utilizados. Para este arroz con pollo nikkei combino elementos de la cocina peruana y japonesa para crear un plato fuerte que estoy seguro le encantará compartir con sus familiares y amigos.

ARROZ CON POLLO NIKKEI

RENDIMIENTO: 4-6 PORCIONES

500 g de arroz de grano corto
500 ml de cerveza clara
    japonesa
1 cucharada de *dashi*
    en polvo
2 cucharadas de *mirin*
2 cucharadas de salsa
    de soya ligera
1 cucharadita de sal
500 g de muslos de pollo
    sin hueso y con piel
1 taza de hojas de *shiso*
    o de cilantro rebanadas
    finamente
8 hongos *shiitake* frescos, o
    secos, hidratos y escurridos
2 dientes de ajo rebanados
    finamente
2 cucharadas de cebolla
    de primavera o cebolla
    cambray tierna con hojas,
    rebanada finamente

Lave el arroz con agua fría en un tazón; escúrralo y repita la operación 3 o 4 veces más o hasta que el agua que escurra sea traslúcida. Deje escurrir el arroz en una coladera durante 15 minutos.

Mezcle en una olla sobre el fuego la cerveza con el *dashi* en polvo, el *mirin*, la salsa de soya y la sal. Retire la preparación del fuego antes de que hierva y resérvela.

Precaliente el horno a 200 °C. Retire la piel de los muslos de pollo y quíteles toda la grasa con ayuda de un cuchillo, cuidando de no romper esta última. Cubra una charola para hornear con papel siliconado, coloque en ella la piel de los muslos bien extendida y cúbralas con otra charola. Hornéelas entre 10 y 12 minutos o hasta que estén ligeramente doradas y crujientes. Déjelas enfriar sobre una rejilla.

Corte los muslos de pollo en tiras de 2½ centímetros de grosor y resérvelos. Corte los hongos *shiitake* en rebanadas y resérvelas.

Si cocerá el arroz en una arrocera eléctrica, mezcle el arroz con el caldo de cerveza y las hojas de *shiso* o de cilantro. Introduzca la mezcla en la arrocera y distribuya encima, sin mezclar, las rebanadas de muslos de pollo, de hongos *shiitake* y de ajo. Cierre la arrocera y enciéndala. Transcurridos entre 15 y 20 minutos apague la arrocera y deje reposar el arroz dentro, sin abrirla, durante 15 minutos.

Si cocerá el arroz en la estufa, utilice un sartén grande, de preferencia con tapa de vidrio y con un pequeño orificio que permita que el vapor salga. Mezcle en el sartén el arroz con el caldo de cerveza y las hojas de *shiso* o de cilantro. Distribuya encima las rebanadas de muslos de pollo, de hongos *shiitake* y de ajo. Ponga el sartén sobre el fuego y tápelo. Cuando la preparación hierva, baje el fuego al mínimo y deje cocer el arroz durante 15 minutos sin destapar el sartén. Apague el fuego y deje reposar el arroz, sin destaparlo durante 15 minutos.

Corte la piel de pollo en cuadros de 1 o 2 centímetros. Añada la mitad de los cuadros al arroz cocido y mezcle delicadamente; distribuya el resto en la superficie del arroz, así como la cebolla de primavera o cebolla cambray tierna. Sirva.

Arroz con langosta nikkei,
azafrán y *miso* blanco
(receta en la página siguiente)

Si está buscando un platillo para una ocasión especial, no es necesario que busque más: ¡lo ha encontrado! La langosta y el azafrán en este platillo son sinónimo de ello; sin embargo, creo que el cangrejo (que es más económico que la langosta) también funciona a la perfección en este platillo. Preparar el caldo de langosta con el que se cocerá el arroz le tomará tiempo, así que le recomiendo organizar sus tiempos y comenzar con la elaboración un día antes de servir el platillo. A mí me gusta acompañarlo simplemente con una copa de champaña bien fría.

ARROZ CON LANGOSTA NIKKEI,

AZAFRÁN Y MISO BLANCO (fotografía en las páginas anteriores)

RENDIMIENTO: 4 PORCIONES

Caldo y langostas
2 langostas de 500 g c/u,
   vivas
3 l de agua
1 zanahoria troceada
1 cebolla troceada
1 rama de apio troceada
1 hoja de laurel
1 cucharadita de sal

Arroz
½ g de azafrán
100 ml de agua caliente
300 g de arroz de grano corto
60 g de mantequilla
1 chalota picada
2 dientes de ajo aplastados
100 g de pasta de *miso* blanco
3 cucharadas de puré
   de jitomate concentrado
3 cucharadas de salsa
   de soya ligera
⅓ de taza de doble crema
6 cucharadas de Cream
   (vino de Jerez)
flor de sal o de sal de mar
   al gusto
shichimi al gusto

Caldo y langostas

Lave bien las langostas y congélelas entre 1 y 2 horas.

Ponga todos los ingredientes, excepto las langostas, en una olla poco ancha y suficientemente profunda para que quepan las dos langostas sumergidas en el caldo. Coloque la olla sobre el fuego y deje hervir la preparación; baje el fuego y continúe la cocción durante 20 minutos.

Llene la mitad de un tazón grande con agua y hielos. Saque las langostas del congelador y añádalas al caldo de vegetales. Cuézalas durante 5 minutos, escúrralas y sumérjalas en el agua con hielos; déjelas enfriar por completo. Retire el caldo del fuego y resérvelo.

Precaliente el horno a 200 °C.

Comience a extraer la carne de las langostas. Durante el proceso vaya reservando las cáscaras o trozos de caparazón, ya que se utilizarán posteriormente. Comience con una langosta, retirando las tenazas y separándolas en trozos por las articulaciones. Después, sobre una superficie plana, presione con la parte trasera de un cuchillo los trozos de tenazas para abrirlos; retíreles toda la carne y resérvela. Desprenda las patas con un cuchillo y aplástelas con la parte trasera de éste para romper la cáscara; retire la carne con ayuda de un mondadientes y resérvela. Para separar el cuerpo de la cola, sujete el primero con una mano y con la otra gire la cola para desprenderla. Corte la parte inferior de la cola con unas tijeras, colóquela de lado sobre una superficie plana y presiónela con sus manos para romper la cáscara. Retire toda la carne del interior del caparazón. Haga a la cola una incisión a lo largo de la parte superior y retírele la vena negra; corte la carne de la cola por la mitad a lo largo y resérvela. Abra el cuerpo de la langosta y retírele el estómago; reserve si lo desea el hígado (la sustancia color verde), el cual podrá mezclar con el resto de la carne. Retire del cuerpo de la langosta la mayor cantidad de carne blanca que encuentre entre los nudillos de las patas. Asimismo, si encuentra hueva en la cola o en el cuerpo de la langosta, resérvela para mezclarla con la carne. Repita estos pasos con la otra langosta.

Reserve las dos mitades de una cola de langosta para presentar el plato, así como 2 tenazas. Corte toscamente el resto de la carne y, si es el caso, mézclela con el hígado y la hueva. Reserve la carne en refrigeración.

Distribuya todos los trozos de caparazón de langosta en una charola para hornear y hornéelos durante 15 minutos. Voltéelos y continúe el horneado durante 15 minutos más. Sáquelos del horno y déjelos enfriar ligeramente.

Introduzca los trozos de caparazón en una bolsa de plástico, colóquela sobre una superficie plana y presiónelos con un rodillo hasta obtener trozos pequeños de cáscaras.

Añada los trozos de caparazón al caldo de vegetales y coloque éste sobre fuego medio-bajo. Deje que hierva durante 45 minutos. Cuele el caldo a través de un colador de malla fina y resérvelo. Deseche los trozos de caparazón.

Arroz

Coloque en un recipiente el azafrán con el agua caliente y déjelo infusionar durante 20 minutos.

Lave el arroz con agua fría en un tazón; escúrralo y repita la operación 3 o 4 veces más o hasta que el agua que escurra sea traslúcida. Deje escurrir el arroz en una coladera durante 15 minutos.

Hierva en una cacerola el caldo de langosta y resérvelo. Sofría en una olla de barro japonesa o en una cacerola la chalota y el ajo con la mantequilla durante 3 minutos o hasta que estén suaves, pero sin que se hayan dorado. Añada el arroz y fríalo durante 1 minuto. Vierta 1 cucharón del caldo concentrado de langosta, mezcle y, cuando el arroz haya absorbido casi todo el líquido, añada otro cucharón de caldo y mezcle nuevamente. Continúe añadiendo caldo de esta forma durante 10 minutos.

Incorpore al arroz la carne de langosta troceada, la pasta de *miso* blanco, el agua con azafrán, la pasta de jitomate y la salsa de soya. Siga añadiendo caldo durante 5 minutos más.

Añada al caldo de langosta restante las colas y las tenazas que reservó para que se calienten. Finalmente, incorpore delicadamente al arroz la doble crema y el Cream; pruebe y ajuste a su gusto la cantidad de sal. La consistencia final debe ser cremosa y ligeramente líquida, como un *risotto*; si estuviera muy espeso, agregue un poco del caldo de langosta.

Sirva el arroz en el recipiente donde lo cocinó; decore con las colas y las tenazas y espolvoree *shichimi* al gusto.

El *tai gohan* o arroz con besugo es un platillo clásico de la cocina casera japonesa que siempre he disfrutado. Puede prepararse en una arrocera eléctrica, olla de barro o fuente de cerámica para presentarlo a la mesa. El pescado se cuece sobre el arroz impregnándolo con un delicioso sabor. Esta receta es mi interpretación nikkei: antes de servir el arroz, lo mezclo con una vinagreta de aceite de oliva, jugo de *yuzu* y chile jalapeño. Es cocina tradicional japonesa con un poco del picor de América de Sur.

BESUGO NIKKEI, ARROZ CON YUZU Y JALAPEÑO

RENDIMIENTO: 8–10 PORCIONES

Vinagreta de *yuzu* y chile jalapeño

1 chile jalapeño verde sin semillas ni venas, picado
4 cucharadas de cebolla de primavera o cebolla cambray tierna con hojas, picada
4 cucharadas de jugo de *yuzu*
4 cucharadas de aceite de oliva extra virgen

Arroz y besugo

600 g de arroz de grano corto
2 ½ tazas de *dashi* (ver pág. 230) o agua
½ taza de *mirin*
½ taza de salsa de soya ligera
1 trozo de jengibre de 2.5 cm, pelado y cortado en tiras muy delgadas
4 filetes de besugo escalfados, sin espinas ni escamas y con piel
1 pizca de pimienta *sansho*

Vinagreta de *yuzu* y chile jalapeño

Mezcle con un batidor globo todos los ingredientes hasta obtener una emulsión. Reserve.

Arroz y besugo

Lave el arroz con agua fría en un tazón; escúrralo y repita la operación 3 o 4 veces más o hasta que el agua que escurra sea traslúcida. Deje escurrir el arroz en una coladera durante 15 minutos.

Mezcle en un recipiente el *dashi* o el agua con el *mirin* y la salsa de soya. Transfiera el arroz a una olla de barro japonesa o arrocera eléctrica y viértale encima la mezcla anterior. Déjelo reposar durante 30 minutos.

Si dejó reposar el arroz en una olla de barro japonesa, envuelva la tapa con un trapo de cocina o una manta de cielo. Distribuya sobre el arroz la mitad de las tiras de jengibre y los filetes de besugo, formando con estos últimos la forma de una flor. Ponga la olla sobre el fuego y tápela. Cuando la preparación hierva, baje el fuego al mínimo y deje cocer el arroz, sin destaparlo, durante 15 minutos. Apague el fuego y deje reposar el arroz, sin destaparlo, durante 15 minutos.

Si dejó reposar el arroz en una arrocera eléctrica, distribuya sobre el arroz la mitad de las tiras de jengibre y los filetes de besugo, formando con estos últimos la forma de una flor. Cierre la arrocera y enciéndala. El arroz tardará en cocerse entre 15 y 20 minutos; transcurrido ese tiempo, apague la arrocera y déjelo reposar, sin destaparla, durante 15 minutos.

Para servirlo, retire la piel de los filetes si lo desea. Si lo cocinó en la olla de barro japonesa, sírvalo directamente en ella, colocándola en la mesa frente a los comensales. Después, bañe el pescado y el arroz con la vinagreta y mezcle todo delicadamente con una espátula de madera al mismo tiempo que trocea el pescado. Sírvalo en tazones individuales. Si lo cocinó en la arrocera eléctrica, mézclelo delicadamente con la vinagreta y sírvalo en platos individuales antes de llevarlos a la mesa.

Decore los platos con las tiras de jengibre restantes y espolvoréelos con la pimienta *sansho*.

Nota. Puede sustituir el besugo por pargo, dorada o mojarra.

En Japón, la temporada de castañas es durante el otoño; a lo largo y ancho de todo el país la gente se vuelve loca por ellas. El *kuri gohan* es un clásico de la cocina casera japonesa; me gusta servirlo en mi club como acompañamiento de platillos a base de cerdo, como la Panza de cerdo cocida lentamente en arroz integral (ver pág. 162) o los Cachetes de cerdo ibérico con *daikon* y *foie gras* (ver pág. 164). La razón: la combinación del arroz cocido en una mezcla de agua, *mirin* y castañas resulta en un platillo ligeramente dulce, que va muy bien con platos untuosos a base de cerdo.

ARROZ CON CASTAÑAS KURI GOHAN

RENDIMIENTO: 8 PORCIONES

600 g de arroz de grano corto
¾ de taza de arroz glutinoso
250 g de castañas tostadas
  y peladas
960 ml de agua
240 ml de *mirin*
1 cucharadita de sal
1 cucharada de *sake*

Mezcle ambos arroces y lávelos con agua fría en un tazón; escúrralo y repita la operación 3 o 4 veces más o hasta que el agua que escurra sea traslúcida. Deje escurrir el arroz en una coladera durante 15 minutos.

Trocee la mitad de las castañas y reserve el resto enteras. Mezcle en un recipiente el agua con el *mirin*, la sal y el *sake*.

Si cocerá el arroz en una arrocera eléctrica, vierta en ella el arroz y distribuya encima las castañas troceadas y enteras, sin mezclarlas con éste, así como la mezcla de agua con *mirin*. Cierre la arrocera, enciéndala. El arroz tardará en cocerse entre 15 y 20 minutos; transcurrido ese tiempo, apague la arrocera y déjelo reposar, sin destaparla, durante 15 minutos.

Si cocerá el arroz en la estufa, utilice un sartén grande, de preferencia con tapa de vidrio y con un pequeño orificio que permita que el vapor salga. Combine el arroz con la mezcla de agua y *mirin*; añádalo al sartén y distribuya encima las castañas. Ponga el sartén sobre el fuego y tápelo. Cuando la preparación hierva, baje el fuego al mínimo y deje cocer el arroz durante 15 minutos sin destapar el sartén. Apague el fuego y deje reposar el arroz, sin destaparlo durante 15 minutos.

Retire algunas de las castañas enteras de la superficie del arroz y resérvelas para decorar. Mezcle en el arroz el resto de las castañas, utilizando una pala de madera o pala para arroz ligeramente mojada.

Sirva el arroz en tazones individuales y decore con las castañas que reservó.

Notas. El arroz glutinoso, conocido como *mochi gome* en Japón, le dará al platillo una consistencia densa; pero si desea una versión más ligera, sustitúyalo con arroz de grano corto. Para tostar castañas en casa, colóquelas en una charola para hornear, humedézcalas con un poco de agua y hornéelas durante 20 minutos o hasta que estén ligeramente doradas y suaves; déjelas enfriar y retíreles la cáscara.

RENDIMIENTO: 4 PORCIONES

800 ml de agua caliente
2 cucharaditas de azúcar
4 hongos *shiitake*
  deshidratados
4 huevos
200 g de arroz de grano corto
2 cucharaditas de *dashi*
  en polvo
30 g de queso mascarpone
30 g de pasta *miso* café
60 g de mantequilla
½ cucharadita de *shichimi*
  + cantidad al gusto
6 g de *katsuoboshi* (hojuelas
  de bonito deshidratado)
sal al gusto

Decoración
tiras de alga *kombu*
  caramelizada, al gusto
  (ver pág. 240)
encurtidos mixtos (jengibre,
  pepino, berenjena), al gusto
shichimi al gusto

Para elaborar esta receta necesitará un sartén mediano.

Mezcle en un tazón el agua caliente con el azúcar y los hongos *shiitake*. Déjelos hidratar durante 1 hora.

Llene un sartén con suficiente agua para cocer en ella los huevos. Póngalo sobre el fuego y coloque en él un termómetro, de preferencia uno que le indique con una alarma si sobrepasa la temperatura del rango a la cual lo programa, la cual es de 63-65 °C. Cuando la temperatura del agua llegue a 63 °C, introduzca en ella los huevos; manténgalos durante 50 minutos a una temperatura de entre 63 y 65 °C, añadiendo un poco de agua fría cuando este rango sea rebasado. Saque los huevos del agua y sumérjalos inmediatamente en un tazón con agua fría y hielos. Resérvelos.

Lave el arroz con agua fría en un tazón; escúrralo y repita la operación 3 o 4 veces más o hasta que el agua que escurra sea traslúcida. Deje escurrir el arroz en una coladera durante 15 minutos.

Escurra los hongos *shiitake* del líquido de remojo y exprímalos; reserve el líquido. Retíreles a los hongos los tallos y deséchelos. Corte los sombreros en tiras delgadas y resérvelas.

Pase el líquido de remojo de los hongos a través de un colador de malla fina o una manta de cielo. Vierta 600 mililitros de éste en una olla y póngala sobre el fuego; cuando el líquido esté caliente añada el dashi en polvo y mezcle bien. Reserve el *dashi* de *shiitake* caliente.

Mezcle en un recipiente el queso mascarpone con la pasta *miso* café hasta obtener una pasta homogénea. Resérvela.

Ponga sobre el fuego un sartén con la mantequilla y el *shichimi*; cuando la mantequilla se derrita, retire el sartén del fuego. Reserve.

Ponga una olla sobre el fuego con 2 cucharones del *dashi* de *shiitake*; cuando esté bien caliente, añada el arroz y mezcle bien. Deje que el arroz absorba casi por completo el líquido y añada otro cucharón de *dashi*; mezcle con una espátula de madera y raspe el fondo de la olla para evitar que el arroz se pegue. Continúe añadiendo *dashi* de la misma forma durante 15 minutos.

Incorpore al arroz las tiras de hongo *shiitake* y la mezcla de queso mascarpone y *miso*. Pruebe y rectifique la cantidad de sal.

Retire con cuidado el cascarón de los huevos, así como la clara cruda alrededor de las yemas. Sumerja con cuidado las yemas en un tazón con agua tibia y déjelas reposar durante algunos minutos hasta que se calienten.

Sirva el arroz cremoso en platos hondos, distribuya encima el *katsuoboshi* y las yemas. Rocíe cada yema con 2 cucharaditas de la mantequilla de *shichimi* y colóqueles encima algunas tiras de alga *kombu* caramelizada. Sirva acompañado de encurtidos mixtos al gusto y espolvoreado con un poco de *shichimi*.

Nota. Lo ideal para esta receta es que los huevos se cuezan a una temperatura constante de entre 63 y 65 °C; para ello, es necesario un termómetro con alarma o un termocirculador. Los huevos cocidos con este método tienen una textura sedosa y la yema resulta muy cremosa. Si no cuenta con ninguno de estos útiles de cocina, poche los huevos.

El *zosui* es un platillo japonés que consiste en un tipo de sopa o potaje de arroz, preparado con arroz sobrante de otras preparaciones, agua y pollo. Esta preparación es similar al arroz *congee* chino o a la *canja* brasileña; son el tipo de preparaciones que la gente come para reconfortarse cuando se siente triste o después de un día pesado. Decidí darle un giro al *zosui* tradicional y crear una versión nikkei: el arroz se cuece como *risotto* con un *dashi* de *shiitake*, se condimenta con *miso* y queso mascarpone, y se completa con un huevo cocido con el método *sous vide*.

SHIITAKE ZOSUI

Antaño, los marineros portugueses salaban el bacalao como medida de preservación, durante sus viajes a través de los océanos; el salado del pescado aporta un sabor *umami*, así como una textura más firme que la del bacalao fresco.

Actualmente, en Brasil existe una colonia portuguesa que no se ha olvidado de este producto. Cuando yo era niño, en Brasil, el bacalao era un ingrediente muy presente en mi hogar; la receta que presento a continuación es una recreación de uno de mis platillos nikkei brasileños favoritos.

ARROZ FRITO JAPONÉS CON BACALAO PORTUGUÉS, YUZU KOSHO Y LIMÓN

RENDIMIENTO: 6 PORCIONES

400 g de recortes de bacalao salado

400 g de arroz de grano corto

1½ cucharaditas de *dashi* en polvo

12 chícharos de nieve

3 cucharadas de aceite de girasol

1 trozo de jengibre de 2.5 cm, cortado en tiras delgadas

3 dientes de ajo rebanados finamente

1 cucharada de salsa de soya

3 cucharaditas de *yuzu kosho* (ver pág. 232)

2 cucharadas de agua

2 cucharadas de aceite de ajonjolí tostado + cantidad suficiente para engrasar

2 cucharadas de ajonjolí tostado

4 cebollas de primavera o cebollas cambray tiernas con hojas, rebanadas finamente

1 chile jalapeño rojo sin semillas ni venas, rebanado finamente

sal al gusto

hojas de cilantro al gusto

gajos de limón amarillo al gusto

Enjuague los recortes de bacalao salado con suficiente agua corriente hasta retirar todos los cristales de sal de la superficie. Colóquelos en un tazón y cúbralo con suficiente agua fría. Tape el tazón y deje reposar los recortes de pescado durante 6 horas; en caso de que utilice un filete entero, déjelo reposar durante 24 horas.

Hierva un poco de agua en una olla. Corte una porción pequeña del bacalao y cuézala en el agua; pruébela; si está muy salada, continúe el remojo entre 2 y 4 horas más en agua limpia. Si el sabor es adecuado, escurra el bacalao, córtelo en cubos de 2 centímetros y resérvelos en refrigeración.

Prepare el arroz siguiendo las instrucciones de la página 225, disolviendo el *dashi* en el agua de remojo antes de cocerlo. Una vez cocido el arroz, mézclelo con una pala de madera para esponjarlo y enfríelo, ya sea con un abanico; o bien, transfiriéndolo a un tazón y colocando éste en recipiente con agua y hielos, sin que el arroz tenga contacto con el agua.

Sumerja los chícharos de nieve en un tazón con agua hirviendo durante 30 segundos; escúrralos, y enfríelos sumergiéndolos en un tazón con agua fría y hielos. Séquelos y córtelos diagonalmente en trozos de 2 centímetros.

Ponga sobre el fuego un *wok* o un sartén grande con el aceite de girasol; cuando empiece a humear, saltee los cubos de bacalao durante 5 minutos o hasta que se doren, pero sin deshacerlos demasiado.

Añada al salteado las tiras de jengibre, el ajo rebanado y la salsa de soya; mezcle y cocine todo durante 1 minuto. Agregue el *yuzu kosho* y las 2 cucharadas de agua, y mezcle bien.

Incorpore al salteado el arroz poco a poco, mezclándolo entre cada adición; antes de que termine de agregar todo el arroz, añada el aceite y las semillas de ajonjolí. Continúe la cocción hasta que todos los ingredientes estén bien incorporados. Rectifique la cantidad de sal y retire del fuego. Reserve 8 trozos de chícharos de nieve para decorar y añada al arroz el resto, así como la cebolla de primavera o la cebolla cambray tierna.

Engrase con un poco de aceite de ajonjolí un tazón y añádale una porción de arroz, presionándolo con una espátula de madera. Tape el tazón con un plato y voltéelo, de manera que el arroz caiga en el plato y conserve la forma curva del tazón. Decore con los trozos de chícharos de nieve que reservó, el chile jalapeño rebanado y las hojas de cilantro. Sirva con los gajos de limón amarillo.

SOPAS Y
HOTPOTS

Si no ha probado la *mandioquinha*, le apuesto a que es uno de los tubérculos más deliciosos que existen en la Tierra; físicamente es similar a una zanahoria pero de color blanco, y como la papa, es rica en almidones y muy digerible. Es originaria de la región de los Andes y se utiliza, tanto en Brasil como en Perú, como un ingrediente casero del día a día. Su sabor es delicado y naturalmente dulce, ideal para complementar platillos de carne; por ejemplo, en Brasil, la carne salada es un complemento clásico para este tubérculo. Cuando se utiliza en sopas y salsas aporta una textura rica y aterciopelada. Es por ello que en esta receta decidí mezclar este maravilloso tubérculo con una sopa *miso* japonesa para obtener una sopa cremosa, la cual contrasta en sabor y textura con una crujiente carne seca.

CREMA DE MANDIOQUINHA Y MISO
CON CARNE SECA CRUJIENTE

RENDIMIENTO: 8 PORCIONES

250 g de carne seca
1 ℓ de *dashi* (ver pág. 230)
500 g de *mandioquinha* pelada
cantidad suficiente de aceite
    de girasol
100 g de pasta de *miso* blanco
2 cucharadas de cebolla de
    primavera o cebolla cambray
    tierna con hojas, rebanada
    diagonalmente
sal al gusto
shichimi al gusto

Hidrate la carne seca en suficiente agua fría hasta que se suavice. Colóquela en un sartén, cúbrala con agua, ponga el sartén sobre el fuego y, cuando el agua hierva, baje el fuego y deje cocer la carne durante 45 minutos sin taparla. Escúrrala, séquela con un trapo de cocina y píquela muy finamente con un cuchillo o con un procesador de alimentos, cuidando que no se convierta en pasta.

Ponga sobre el fuego una olla con el *dashi*; cuando se caliente, añada la *mandioquinha*. Cuando el *dashi* hierva nuevamente, baje el fuego y deje cocer la *mandioquinha* entre 25 y 30 minutos o hasta que esté muy suave. Lícuela junto con el *dashi* hasta obtener una consistencia tersa y homogénea. Cuele la mezcla y resérvela caliente.

Fría en un sartén con un poco de aceite de girasol la carne seca picada durante 1 minuto o hasta que esté crujiente. Escúrrala y resérvela sobre papel absorbente.

Incorpore la pasta de *miso* a la mezcla de *mandioquinha* hasta que el primero se disuelva por completo. Rectifique la cantidad de sal.

Distribuya la mezcla de *mandioquinha* y *miso* en tazones individuales. Coloque encima la carne seca frita, decore con la cebolla de primavera o cebolla cambray tierna, y espolvoree *shichimi* al gusto.

Notas. Si cuenta con poco tiempo, sustituya el *dashi* con 1 cucharada de *dashi* en polvo mezclada con 1 litro de agua hirviendo. Si no encuentra la *mandioquinha*, sustitúyala con 300 gramos de colinabo o nabo y 200 gramos de zanahoria.

Un sello de la cocina de invierno en muchos hogares en Tokio, São Paulo y hasta Perú, es esta sustanciosa sopa *miso* preparada con panza de cerdo rebanada, trozos de tubérculo y *sake lees*, un subproducto del *sake*. Este último imparte un sabor intenso a la sopa. Es difícil de encontrar, por lo que puede omitirlo; sin embargo, vale la pena esforzarse para encontrarlo.

Esta preparación, llamada *ton kasu jiro*, se complementa bien con otros platillos; no obstante, también es una buena opción para servirlo como único plato de una comida.

SOPA MISO JAPONESA SUSTANCIOSA
CON SAKE LEES, PANZA DE CERDO Y TUBÉRCULOS

RENDIMIENTO: 6 PORCIONES

1.2 ℓ de *dashi* (ver pág. 230)
150 g de rábano blanco o de *daikon* cortado en cubos de 1 cm
150 g de zanahoria cortada en cubos de 1 cm
300 g de rebanadas delgadas de panza de cerdo de 1 cm de ancho por 2 cm de largo
6 cucharadas de pasta de *miso* café
100 g de *sake lees*
2 cucharadas de cebolla de primavera o cebolla cambray tierna con hojas, rebanada diagonalmente
shichimi al gusto

Ponga sobre el fuego una olla grande con el *dashi* y los cubos de rábano blanco o de *daikon*; cuando hierva, baje el fuego a medio-bajo y continúe la cocción durante 10 minutos más. Retire cualquier espuma que se haya formado en la superficie del *dashi*. Añada los cubos de zanahoria y las rebanadas de panza de cerdo y cocine durante 10 minutos más.

Vierta un poco del *dashi* en un tazón y mézclelo con la pasta de *miso* café, con ayuda de un batidor globo o tenedor, hasta que se disuelva por completo. Añada esta mezcla a la olla.

Finalmente, añada el *sake lees*; mezcle bien y rectifique la sazón. Si es necesario, agregue un poco más de pasta de *miso*.

Distribuya la sopa en tazones individuales. Sirva con la cebolla de primavera o cebolla cambray y el *shichimi* al gusto.

Nota. Si cuenta con poco tiempo, sustituya el *dashi* con 1 cucharada de *dashi* en polvo mezclada con 1 litro de agua hirviendo. Si desea variar el sabor, sustituya la zanahoria con camote o calabaza de Castilla.

Todo país tiene su propia versión de sopa de pollo con arroz. En Brasil y en Portugal, probablemente la sopa más popular sea *canja de galhina*; es deliciosa y reconfortante: lo mejor de la comida casera. Esta sopa es muy fácil de hacer y los ingredientes no son muy costosos ni difíciles de encontrar. Para mi versión nikkei, utilizo *chu-chu* o chayote, un ingrediente originario de México, pero que crece en todo el centro y sur del continente americano. Para un excelente sabor, utilice pollo de la mejor calidad. Yo prefiero preparar esta sopa con algunos días de anticipación conservándola en refrigeración; el reposo le sienta bien al sabor.

CALDO DE POLLO CON ARROZ Y CHAYOTE, Y GREMOLATA DE MENTA, LIMÓN Y AJO CANJA DE GALLINA NIKKEI CON CHAYOTE

RENDIMIENTO: 8 PORCIONES

Gremolata **de menta, limón y ajo**
1 taza de perejil picado
  finamente
1 taza de menta picada
  finamente
la ralladura de 1 limón
4 dientes de ajo picados
  finamente
1 cucharadita de flor de sal
  o de sal de mar

Caldo
2 cucharadas de mantequilla
1 cucharada de aceite de oliva
  extra virgen
4 muslos de pollo de 150 g
  c/u, sin piel y con hueso
1 cebolla pequeña picada
1 chayote pelado y cortado
  en cubos de 1 cm
2 dientes de ajo rebanados
1 trozo de jengibre de 2 cm
2 ℓ de agua
1 cuadro de alga *kombu*
  de 10 cm
1 cucharada de *dashi* en polvo
100 g de arroz de grano corto
2 cucharadas de flor de sal
  o de sal de mar
¼ de cucharadita de pimienta
  blanca

Gremolata de menta, limón y ajo

Mezcle en un tazón todos los ingredientes de la *gremolata* y resérvela.

Caldo

Fría en una olla de fondo grueso los muslos de pollo en la mantequilla y el aceite de oliva, girándolos ocasionalmente, durante 2 minutos.

Añada la cebolla picada, el chayote, el ajo y el jengibre; baje el fuego y deje que los ingredientes se cocinen durante 5 minutos, mezclándolos ocasionalmente. Vierta el agua y añada el alga *kombu* y el *dashi*; suba la intensidad del fuego, deje que el agua hierva y bájela nuevamente. Tape la olla, dejando un espacio entreabierto, y deje que la preparación se cueza durante 20 minutos; retire cualquier espuma que se forme en la superficie.

Saque los muslos de pollo del caldo, déjelos entibiar, deseche los huesos y deshebre la carne en trozos gruesos. Resérvelos cubiertos para evitar que se resequen.

Lave el arroz con agua fría en un tazón; escúrralo y repita la operación 3 o 4 veces más o hasta que el agua que escurra sea traslúcida. Deje escurrir el arroz en una coladera durante 15 minutos.

Suba la intensidad del fuego del caldo y déjelo hervir; añada el arroz, la sal y la pimienta blanca. Baje nuevamente el fuego y deje cocer el arroz durante 10 minutos. Añada los muslos de pollo deshebrados, deje que el caldo hierva durante 2 minutos más o hasta que el arroz esté suave, y retírelo del fuego.

Saque el jengibre y el alga *kombu* del caldo y deséchelos; retire cualquier impureza que se haya formado en la superficie del caldo y rectifique la cantidad de sal.

Sirva el caldo en tazones individuales, añadiéndoles encima un poco de la *gremolata*.

Hotpot nikkei de panza de cerdo, bacalao y mariscos con caldo picante (receta en la página siguiente)

Hotpot de rape y mariscos con caldo cremoso de pasta de *miso* y leche de soya (receta en la página siguiente)

El *sukiyaki* es un *hotpot* japonés consumido en todo el mundo, particularmente en los hogares nikkei brasileños, donde nos encanta la res. Cuando yo era niño, el *sake* no era un ingrediente fácil de conseguir, así que en mi casa lo sustituíamos con cerveza oscura, la cual le daba riqueza al caldo, tanto en consistencia como en sabor. Para disfrutar el *sukiyaki*, nos sentábamos alrededor de la olla y cada quien tomaba los ingredientes cocidos de la olla para ponerlos en nuestro tazón. Es un momento de convivencia; los ingredientes frescos se siguen añadiendo al caldo hasta que todos están satisfechos.

SUKIYAKI NIKKEI DE RES
CON HONGOS, FIDEOS, TOFU ASADO, VERDURAS, CALDO DE RES, CERVEZA Y SOYA

RENDIMIENTO: 4 PORCIONES

Caldo
300 ml de salsa de soya
⅓ de taza de azúcar
200 ml de cerveza tipo *stout*
   u otra cerveza oscura
2 cucharaditas de *dashi*
   en polvo
200 ml de *mirin*
200 ml de agua

Hotpot
200 g de fideos *shirataki*
250 g de tofu firme cortado
   en cubos de 2 cm
20 hojas de espinaca
250 g de una mezcla de
   hongos *shiitake* y *shimeji*
   frescos, o secos,
   rehidratados y escurridos
2 cucharadas de aceite
   de ajonjolí tostado
2 cucharadas de manteca
   de res
½ cebolla fileteada
400 g de *sirloin* de res cortado
   en rebanadas delgadas
6 cebollas de primavera o
   cebollas cambray tiernas
   con hojas, cortadas
   en trozos de 2-3 cm

Para elaborar esta receta necesitará una parrilla eléctrica y una *nabemono* (olla japonesa para *hotpot*), o una olla de fondo grueso de entre 25 y 30 centímetros de diámetro.

Caldo

Hierva todos los ingredientes del caldo en una olla sobre el fuego. Retire la olla del fuego y resérvelo.

Hotpot

Ponga sobre el fuego una olla con suficiente agua caliente para sumergir los fideos; cuando hierva, cueza en ella los fideos durante 1 minuto. Sáquelos con unas pinzas, colóquelos en una coladera y enfríelos bajo el chorro de agua fría. Escúrralos bien y transfiéralos a un tazón; resérvelos.

Cueza los cubos de tofu en la misma agua hirviendo hasta que floten en la superficie de ésta; escúrralos y déjelos enfriar durante 30 minutos. Colóquelos en una charola para hornear y dórelos con un soplete de cocina durante 30 segundos; o bien dórelos en el asador del horno durante un par de minutos. Resérvelos.

Deseche el extremo de los tallos de las hojas de espinaca. Corte las hojas por la mitad a lo ancho y resérvelas.

Retire los tallos de los hongos *shiitake* y deséchelos; hágales en los sombreros un corte en forma de cruz con unas tijeras; resérvelos. Corte la base fibrosa de los hongos *shimeji*; si algunos de los hongos son muy grandes, córtelos en porciones del tamaño de un bocado.

[1] Coloque en la mesa el sartén u olla sobre la parrilla eléctrica encendida. Añada el aceite y la manteca de res y, cuando estén calientes, fría la cebolla fileteada junto con algunas rebanadas de carne de res hasta que se forme una costra dorada en la base del sartén y la cebolla esté suave.

[2] Vierta con cuidado un poco del caldo en el sartén pero sin llenarlo demasiado; cuando hierva, comience a agregar el resto de los ingredientes. [3-6] Coloque los fideos en el centro del sartén y distribuya alrededor los cubos de tofu asados, los hongos, las espinacas y las cebollas de primavera o cebollas cambray tiernas; termine añadiendo el resto de las rebanadas de res. Evite llenar demasiado el sartén para que el caldo no se des-

borde. Deje hervir la preparación, baje el fuego y cocine los ingredientes durante un par de minutos.

Elija a su gusto los ingredientes del sartén u olla y añádalos a su tazón. Vaya agregando los ingredientes crudos restantes al sartén u olla conforme se terminen.

Notas. Si lo desea, añada un huevo crudo a su tazón antes de verter en él los ingredientes cocidos; el calor de éstos lo cocerá ligeramente. Asimismo, cada comensal puede abrir su propio huevo dentro del caldo del sartén u olla y pocharlo hasta que tenga el término de cocción deseado; de esta forma el caldo tomará más cuerpo y sabor. Conforme vaya pasando el tiempo de cocción, el caldo se reducirá y tendrá un sabor más salado; si lo desea, agregue un poco más de caldo o agua.

PLATOS
PRINCIPALES

El término de cocina nikkei no se limita a la cocina de los japoneses migrantes y sus descendientes de Brasil y Perú. Yo soy un chef nikkei brasileño que ha radicado la mayor parte de su vida en el Reino Unido. Por tanto, en mi cocina me inspiro en ingredientes y platillos locales. El *fish and chips* (pescado rebozado con papas fritas) es uno de los platos nacionales del Reino Unido; en mi versión nikkei utilizo rape rebozado en *tempura* acompañado con *chips* de yuca.

FISH AND CHIPS NIKKEI

TEMPURA DE RAPE, CHIPS DE YUCA Y MAYONESA DE WASABI

RENDIMIENTO: 4 PORCIONES

Mayonesa de *wasabi*
¼ de taza de *mayoneizu* (ver pág. 232)
1 cucharada de pasta de *wasabi*
gotas de jugo de limón al gusto

Chips de yuca
500 g de yuca
cantidad suficiente de aceite de girasol para freír

Tempura de rape
500 g de cachetes de rape o de filete de rape cortado en trozos de 8-10 cm
1 cucharada de sake
1 cucharada de salsa de soya
1 taza de rebozado para *tempura* (ver pág. 229)

Mayonesa de *wasabi*

Mezcle todos los ingredientes en un recipiente que tenga tapa y resérvela tapada en refrigeración.

Chips de yuca

Pele la yuca y córtela por la mitad o en cuatro si es grande; después, corte cada trozo en bastones de 10 centímetros de largo. Ponga sobre el fuego un sartén con los bastones de yuca y cúbralos con agua fría; cuando el agua hierva, baje el fuego al mínimo y deje cocer los bastones de yuca durante 1 hora o hasta que estén muy suaves. Escúrralos y déjelos enfriar.

Precaliente el horno a 80 °C. Ponga sobre el fuego un sartén con el aceite de girasol; cuando tenga una temperatura de 160 °C, fría en tandas los bastones de yuca entre 5 y 8 minutos o hasta que estén ligeramente dorados. Sáquelos del aceite y escúrralos sobre papel absorbente. Colóquelos en una charola para hornear, añádales sal al gusto y reserve los *chips* de yuca en el horno caliente. Conserve el aceite en el sartén.

Tempura de rape

Retire las membranas de los cachetes de rape; colóquelos en un recipiente y báñelos con el sake y la salsa de soya.

Añada un poco más de aceite al sartén donde frió los bastones de yuca y colóquelo de nuevo sobre el fuego. Cuando tenga una temperatura de 170 °C, sumerja de forma individual algunos trozos de *rape* en el rebozado y fríalos en el aceite entre 2 y 3 minutos o hasta que estén dorados y crujientes. Colóquelos sobre papel absorbente y continúe friendo los trozos de *rape* por tandas.

Sirva de inmediato el *tempura* de *rape* con los *chips* de yuca y la mayonesa de *wasabi*.

Nota. Para obtener un rebozado ligero y no grasoso, prepare siempre el rebozado para *tempura* justo antes de freír el pescado; asimismo, evite batirla en exceso, de lo contrario, quedará pegajosa y obtendrá un rebozado espeso que al freír absorberá mucha grasa.

El *yuzu* (tipo de cítrico japonés) es uno de los ingredientes característicos de Japón, y por su sabor y aromas que recuerdan a la mandarina y la toronja, es único, distinto a cualquier cítrico europeo o norteamericano. El *yuzu kosho* es un condimento japonés elaborado con la ralladura de este fruto, chile verde y sal, que se deja fermentar durante algunos meses para obtener un condimento con sabor y aroma intensos. Tradicionalmente se utiliza para condimentar pescado a la parrilla, carnes y sopas. Es una de las exportaciones más populares de la isla Kyushu, la isla situada más al oeste del archipiélago de Japón, desde donde mi familia emigró a Brasil.

El empapelado es uno de los mejores métodos de cocción para pescados y mariscos, pues con él la delicada textura y la humedad del producto se conservan dentro del envuelto; en esta receta los sabores y aromas se potencian al agregar hojas de *shiso*, *yuzu kosho* y jugo de limón. En Japón existen muchas variantes de este guiso, pero mi versión nikkei es desafiante: una interpretación más robusta que combina los sabores de la cocina regional japonesa con aquellos con los cuales crecí en São Paulo. Asimismo, creo que lo mejor de este platillo es el elemento sorpresa, ya que cada comensal tiene que abrir su empapelado al momento en que llega a la mesa.

RAPE, MARISCOS Y YUZU KOSHO EMPAPELADOS

RENDIMIENTO: 4 PORCIONES

Mejillones
8-12 mejillones
1 cuchara de aceite
20 g de mantequilla

Marinada de *yuzu kosho*
1½ cucharadas de *yuzu kosho* (ver pág. 232)
3 cucharadas de sake
3 cucharadas de *mirin*
8 hojas de *shiso* picadas finamente

Empapelado
500 g de filete de rape sin piel
4 camarones grandes
4 calamares *baby* sin cabeza ni vísceras
12 hongos *shiitake* frescos o secos, rehidratados y escurridos
12 ejotes delgados o franceses
2 cebollas de primavera o cebollas cambray tiernas con hojas
40 g de mantequilla
4 gajos de limón

Para elaborar este platillo necesitará 4 cuadros de papel encerado de 30 centímetros, así como comenzar la receta varias horas antes como mínimo.

Mejillones

Talle bajo el chorro de agua fría los mejillones y sáltelos en un sartén con la mantequilla durante 3 minutos o hasta que se hayan abierto; deseche cualquier mejillón que permanezca cerrado. Escurra el líquido de cocción y resérvelo. Coloque los mejillones en un tazón y resérvelos en refrigeración.

Marinada de *yuzu kosho*

Coloque en un tazón grande el *yuzu kosho*, el sake, el *mirin* y el líquido de cocción de los mejillones; mezcle bien y añada las hojas de *shiso* picadas. Reserve.

Empapelado

Corte el filete de rape en cubos del tamaño de un bocado. Si desea pelar los camarones, hágalo, y corte a lo largo la parte superior para retirarles los intestinos. Desprenda con un cuchillo los tentáculos del cuerpo de calamar y corte este último en aros.

Añada al tazón que tiene la marinada los cubos de pescado, los camarones y los aros y tentáculos de calamar. Tape el tazón y déjelo reposar en refrigeración durante 2 horas como mínimo o hasta 1 noche.

Precaliente el horno a 230 °C. Deseche los tallos de los hongos *shiitake* y las puntas de los ejotes; rebane las cebollas de primavera o cebollas cambray tiernas.

Doble los cuadros de papel encerado por la mitad y, después, doble las orillas cortas sobre sí mismas para crear una especie de bolsa; presione bien los dobleces. Distribuya dentro de las bolsas el pescado con los mariscos y su marinada, así como los vegetales y la mantequilla. Cierre las bolsas doblando sobre sí misma la orilla restante y presione bien el doblez. Coloque los empapelados en una charola para hornear y hornéelos entre 10 y 15 minutos.

Sirva los empapelados cerrados en platos individuales acompañados con los gajos de limón.

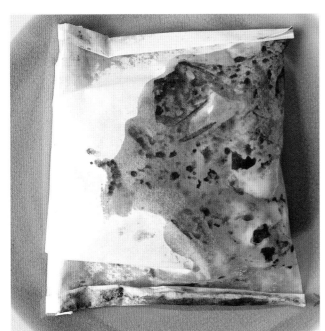
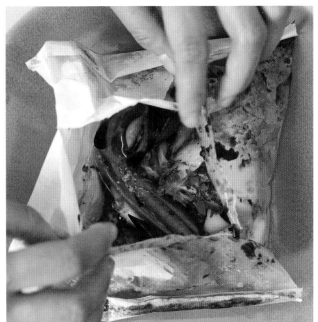

La *moqueca* es la quintaesencia de la comida brasileña; casi cada poblado costeño tiene su propia versión de este guiso de pescado y mariscos. Por ejemplo, en Bahía añaden un elemento africano a esta preparación: el aceite de palma o *dendê*. Este aceite es de color naranja brillante y tiene un sabor muy especial, sin sustitutos.

La *moqueca* es muy fácil de preparar; si desea variar el sabor de esta versión, sustituya los camarones con trozos de pescado blanco u otro tipo de marisco. Me gusta servir esta *moqueca* sobre arroz japonés condimentado con cilantro y limón.

MOQUECA DE CAMARÓN Y DONBURI DE ARROZ CON CILANTRO

RENDIMIENTO: 4 PORCIONES

Donburi de arroz con cilantro

2 cucharadas de aceite
 de oliva extra virgen
1 cucharada de flor de sal
la ralladura y el jugo
 de ½ limón
2 dientes de ajo rallados
8 cucharadas de cilantro
 picado finamente
450 g de arroz de grano corto
560 ml de agua

Moqueca de camarón

750 g de camarones grandes,
 pelados y sin cabeza
 + 4 enteros, cocidos
½ cucharadita de pimienta
 molida
2 cucharadas de salsa
 de soya ligera
el jugo de 1 limón
2 dientes de ajo rallados
400 g de jitomates enlatados
 sin drenar
1 cebolla picada finamente
2 cucharadas de aceite de oliva
1 cucharadita de páprika
2 cucharaditas de flor de sal
400 ml de leche de coco
1 chile de árbol fresco, sin
 semillas ni venas picado
 finamente
1 cucharada de aceite de
 palma o de aceite de coco
cantidad suficiente de aceite
 de girasol para engrasar
2 cucharadas de brotes
 de cilantro

Donburi de arroz con cilantro

Mezcle en un recipiente todos los ingredientes, excepto el arroz y el agua. Resérvelos.

Prepare el arroz al vapor siguiendo las instrucciones de la página 225 y, antes de esponjarlo, añádale la mezcla de aceite de oliva con cilantro. Mezcle bien con una espátula de madera y reserve.

Moqueca de camarón

Combine en un tazón los camarones crudos con la pimienta, la salsa de soya, el jugo de 1 limón y el ajo rallado. Tape el tazón y déjelos marinar en refrigeración durante 15 minutos.

Licue los jitomates con su jugo, cuele el molido y resérvelo.

Acitrone la cebolla con el aceite de oliva en un sartén de fondo grueso durante 5 minutos. Añada la páprika, la sal y el molido de jitomate; baje el fuego a media intensidad y deje que la preparación se cocine, mezclándola ocasionalmente, durante 10 minutos o hasta que se espese.

Incorpore a la preparación anterior la leche de coco y el chile picado. Suba la intensidad del fuego; cuando hierva, añada los camarones con su marinada. Baje nuevamente el fuego a media intensidad y cocine los camarones durante 1 minuto o hasta que estén bien cocidos. Incorpore el aceite de palma o de coco y retire el sartén del fuego, rectifique la cantidad de sal.

Engrase con un poco de aceite de girasol un tazón y añádale una porción de arroz con cilantro presionándolo con una espátula de madera. Tape el tazón con un plato y voltéelo, de manera que el arroz caiga en el plato y conserve la forma curva del tazón. Repita este paso tres veces más.

Distribuya la *moqueca* de camarón alrededor de los domos de arroz. Decore cada plato con un camarón cocido y con los brotes de cilantro.

Nota. Un *donburi* japonés tradicional consiste en un plato de arroz hervido cubierto con carne, pescado o verduras. Para esta versión nikkei preferí servir la *moqueca* de camarón alrededor del arroz.

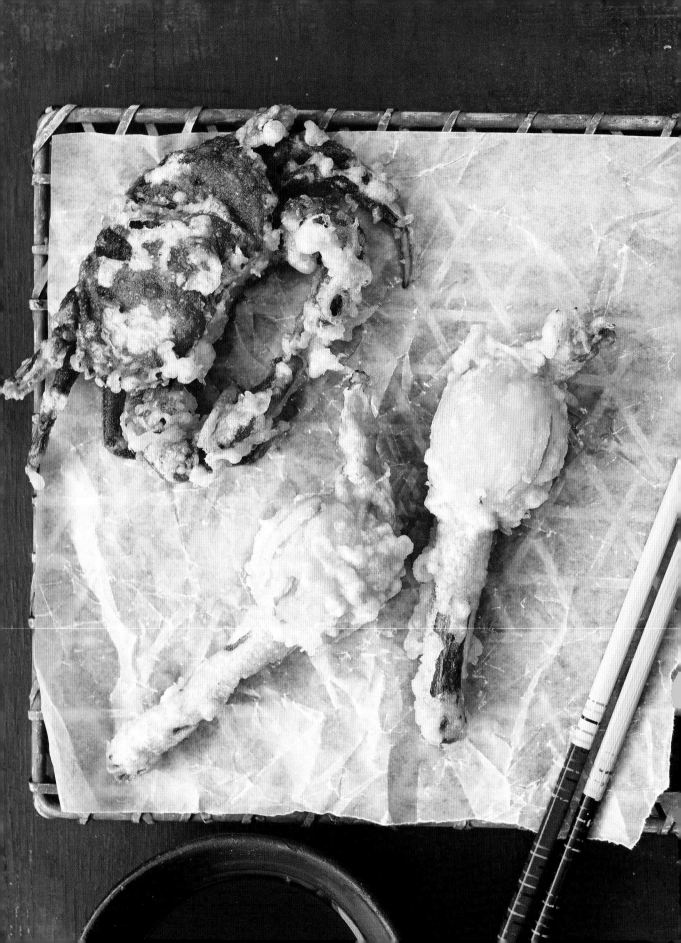

Tempura de flores de calabaza rellenas de *mousse* de callo de almeja, tofu y limón (receta en la página siguiente)

Tempura de cangrejo de concha suave y verduras (receta en la página siguiente)

El gusto de los japoneses por freír el pescado y las verduras fue introducido por los portugueses en el siglo XVI. El *tempura* utiliza esta técnica culinaria, el cual es uno de los platillos japoneses más sencillos, pero también uno de los más complicados de preparar (ver pág. 228). Se puede preparar en *tempura* casi cualquier pescado o verdura, así que es recomendable utilizar verduras de distintas texturas y colores. Mis favoritas son la calabacita, el brócoli, los hongos y la *kabocha*, un tipo de calabaza. En esta receta decidí rellenar flores de calabaza con un *mousse* de callo, tofu y limón para darles mi toque nikkei.

Los cangrejos de concha suave son cangrejos capturados recién acaban de mudar su caparazón. Dentro del agua, su caparazón nuevo se endurece entre 5 y 10 horas después del cambio; por tanto, se cuenta con muy poco tiempo para capturarlos. La especie que se captura con estos fines varía de una región a otra, así como el periodo de muda que suele ser corto, por lo cual resulta más fácil conseguirlos congelados que frescos. El consumo del cangrejo de concha suave está extendido en regiones como Venecia, Nueva Inglaterra y muchos países asiáticos donde se preparan en *tempura* o en *makis*.

NOCHE DE TEMPURA

TEMPURA DE FLORES DE CALABAZA RELLENAS DE MOUSSE DE CALLO DE ALMEJA, TOFU Y LIMÓN. TEMPURA DE CANGREJO DE CONCHA SUAVE Y VERDURAS (fotografía en la página anterior)

RENDIMIENTO: 4 PORCIONES

Flores de calabaza rellenas
1 trozo de tofu firme de 100 g
100 g de callos de almeja
la ralladura y el jugo
  de ½ limón
½ cucharadita de flor de sal
  o sal de mar
½ huevo batido
½ taza de crema espesa
¼ de cucharadita de pimienta
  blanca molida
8 flores de calabaza

Salsa de *dashi* y soya
⅓ de taza de *dashi*
  (ver pág. 230)
2 cucharadas de salsa
  de soya
2 cucharadas de *mirin*

Tempura
4 cangrejos de concha
  suave grandes, frescos
  o congelados
cantidad suficiente de aceite
  de girasol para freír
300 g de rebozado para
  tempura (ver pág. 229)

Para elaborar esta receta necesitará 2 esterillas para sushi, así como comenzar con algunas preparaciones con varias horas de anticipación.

Flores de calabaza rellenas

Ponga sobre un tazón una de las esterillas y coloque encima el trozo de tofu; cúbralo con la otra esterilla y póngale encima la tapa de un sartén o algún objeto pesado. Déjelo escurrir ente 1 y 2 horas.

Muela en un procesador de alimentos los callos de almeja con el jugo de limón y la sal. Añada el tofu drenado y el ½ huevo, y procese nuevamente hasta obtener una preparación homogénea y tersa. Incorpore la ralladura de limón, la crema espesa y la pimienta blanca. Pruebe y ajuste la cantidad de sal y de pimienta. Reserve la *mousse* en refrigeración durante 30 minutos.

Introduzca la *mousse* en una manga pastelera y rellene con ésta tres cuartas partes de cada flor de calabaza. Tuerza las puntas de las flores sobre sí mismas para que el relleno no se salga durante la cocción. Coloque las flores en un plato, cúbralas con plástico autoadherente y refrigérelas hasta el momento de freírlas.

Salsa de *dashi* y soya

Hierva en una olla el *dashi* con la salsa de soya y el *mirin*. Retire esta salsa del fuego y resérvela.

Tempura

Lave los cangrejos con abundante agua. Si utiliza cangrejos congelados, descongélelos antes de lavarlos.

Ponga sobre el fuego una olla con suficiente aceite de girasol para freír. Cuando el aceite tenga una temperatura de 170 °C, sumerja uno por uno los cangrejos en el rebozado para

100 g de hongos *shiitake* frescos o secos, hidratados y exprimidos, sin los pies o tallos

100 g de calabaza *kabocha* sin pelar, cortada en 4 rebanadas de 1 cm de grosor

100 g de floretes de brócoli

100 g de pimiento morrón rojo sin semillas ni venas, cortado en tiras de 10 cm de largo y 1.5 cm de grosor

1 receta de mayonesa *yuzu kosho* (ver pág. 233)

tempura, sacudiéndoles el exceso, y fríalos en el aceite durante 1 minuto o hasta que se les forme una costra; después, gírelos y continúe la cocción entre 2 y 3 minutos hasta que se doren uniformemente. Sáquelos del aceite y colóquelos en una rejilla con papel absorbente. Repita este paso con los hongos *shiitake*, las rebanadas de calabaza, los floretes de brócoli y las tiras de pimiento morrón.

Deje que el aceite recupere su temperatura. Sumerja individualmente en el rebozado para *tempura* algunas flores de calabaza rellenas, y fríalas cuidadosamente en el aceite durante 1 minuto o hasta que se les forme una costra; después, voltéelas y continúe la cocción entre 2 y 3 minutos o hasta que se doren uniformemente. Resérvelas sobre papel absorbente. Repita este paso con las flores de calabaza restantes.

Sirva de inmediato el *tempura* acompañado de la mayonesa *yuzu kosho* y la salsa de *dashi* y soya.

Notas. La mejor forma de disfrutar esta receta es inmediatamente después de freír los ingredientes; así se asegura de que los ingredientes no perderán su textura crujiente. Si desea variar el sabor de la salsa de *dashi* y soya, añádale 50 g de *daikon* rallado cuando la vaya a servir. Puede utilizar en esta receta la variedad de verduras que usted desee, como berenjenas, okras, chayotes, entre otras.

Para este platillo nikkei utilizo halibut marinado con pasta de *miso*, sake y ají amarillo, servido sobre un aterciopelado puré de papa. Para obtener mejores resultados, deje marinar el pescado entre 1 y 2 días; de esta manera, la pasta de *miso* impregnará con su sabor umami a todo el pescado, mientras que el ají amarillo y el limón le proporcionarán un sabor ligeramente picante y ácido. Éste es un plato fuerte con mucha presencia, ideal para una cena o comida formal.

HALIBUT ASADO CON MISO BLANCO, AJÍ AMARILLO
Y LIMÓN SOBRE PURÉ DE PAPA

RENDIMIENTO: 4 PORCIONES

Halibut marinado

¼ de taza de sake
¼ de taza de *mirin*
¼ de taza de azúcar
150 g de pasta de *miso* blanco
la ralladura y el jugo
  de 1 limón
1 cucharada de pasta de ají
  amarillo (ver Nota
  de pág. 87)
4 trozos de 150 g de halibut

Puré de papa

800 g de papas
200 g de mantequilla
100 ml de leche
sal y pimienta al gusto

Montaje

cantidad suficiente de aceite
  para engrasar
2 cucharaditas de caviar
  negro
aceite de oliva al gusto
gajos de limón, al gusto
2 cucharadas de cebollín
  picado
sal y pimienta al gusto

Halibut marinado

Hierva en una olla pequeña el sake y el *mirin* durante 30 segundos. Añada el azúcar y la pasta de *miso* blanco; mezcle con un batidor globo hasta que ambos se disuelvan. Baje el fuego y continúe la cocción, mezclando ocasionalmente con una espátula y raspando el fondo de la olla para evitar que la preparación se pegue, durante 10 minutos o hasta que tenga una consistencia espesa. Retire la preparación del fuego y déjela enfriar.

Incorpore a la preparación anterior la ralladura y el jugo de limón, así como la pasta de ají amarillo. Refrigérela en un recipiente con tapa durante 1 hora. Úntela en la superficie y los lados de los trozos de halibut; introdúzcalos en una bolsa resellable y déjelos reposar en refrigeración entre 12 y 48 horas.

Puré de papa

Pele las papas y córtelas en trozos. Colóquelos en una olla, cúbralos con agua, y cuézalos durante 20 minutos o hasta que estén suaves. Escúrralos y páselos a través de un pasapuré aún calientes; si desea un puré más terso, páselo después por un colador de malla fina.

Transfiera el puré de papa a la olla donde coció las papas, póngala sobre fuego medio y añada la mantequilla y la leche. Mezcle constantemente hasta que obtenga un puré terso y cremoso. Salpiméntelo al gusto y resérvelo fuera del fuego en un lugar cálido.

Montaje

Saque los filetes de pescado del refrigerador 30 minutos antes de que los vaya a cocer. Precaliente el asador o *grill* del horno. Cubra una charola para hornear con papel aluminio y engrásela con un poco de aceite.

Retire con las manos cualquier exceso de marinada de los filetes de pescado y colóquelos en la charola. Introdúzcalos en el horno o *grill* durante 3 minutos, deles la vuelta, y hornéelos durante 3 minutos más o hasta que estén cocidos y tengan un color dorado claro.

Distribuya el puré de papa en el centro de platos individuales y coloque encima de cada uno 1 trozo de halibut asado. Añada ½ cucharadita de caviar sobre cada filete y rocíelos con un poco de aceite de oliva y de jugo de limón. Espolvoree el cebollín picado y sal y pimienta al gusto justo antes de servir.

Nota. Si no consigue el halibut, sustitúyalo por otro pescado blanco, como bacalao, lenguado, merluza o robalo.

En nuestra casa, el tofu era una parte importante de casi cualquier comida. El haber crecido comiéndolo me hizo capaz de disfrutar el sutil sabor de la soya y las diferentes texturas que se pueden obtener con este subestimado ingrediente. Es probable que a otras culturas el tofu les sea indiferente; sin embargo, en esta receta opté por servir sedosas rebanadas de tofu con cangrejo fresco, aguacate y perejil, bañadas con un refrescante aderezo *yuzu-pon* para tentar los paladares de los más reacios. Hasta la fecha no he encontrado ningún cliente a quien no le haya gustado este platillo.

ENSALADA DE CANGREJO CON AGUACATE Y PEREJIL
SOBRE UNA CAMA SEDOSA DE TOFU Y ADEREZO YUZU-PON

RENDIMIENTO: 4 PORCIONES

Aderezo *yuzu-pon*

1 receta de salsa *yuzu-pon* (ver pág. 235)
5 cucharaditas de aceite de ajonjolí
2 cucharadas de cebolla picada finamente

Ensalada

1 trozo de tofu suave de 200 g
25 g de hojas de perejil + cantidad al gusto
1 aguacate
el jugo de ½ limón
¼ de cebolla morada
120 g de carne de cangrejo
16 uvas partidas por la mitad, sin semillas
2 cucharaditas de ajonjolí tostado

Para elaborar esta receta necesitará 2 esterillas para sushi.

Aderezo *yuzu-pon*

Mezcle en un tazón todos los ingredientes y reserve.

Ensalada

Ponga sobre un tazón una de las esterillas y coloque encima el trozo de tofu; cúbralo con la otra esterilla y póngale encima la tapa de un sartén o algún objeto pesado. Déjelo escurrir entre 1 y 2 horas.

Pique finamente las hojas de perejil. Corte el aguacate por la mitad, retírele la semilla y córtelo en cubos de 1.5 centímetros. Corte la cebolla morada en tiras delgadas de 2 centímetros de largo. Reserve todo en refrigeración hasta el momento en que los vaya a utilizar.

Mezcle en un tazón la carne de cangrejo con el perejil, los cubos de aguacate, las tiras de cebolla, 20 mitades de uva y el aderezo. Pruebe y rectifique la cantidad de sal.

Corte el tofu en rebanadas de 1 centímetro de grosor y 5 cm de largo; distribúyalas a lo largo de platos individuales, encimándolas ligeramente por una de las orillas. Sirva la ensalada de cangrejo sobre las rebanadas de tofu y decore con las mitades de uva restantes y el ajonjolí. Acompañe con el aderezo *yuzu-pon*.

El chef nikkei Diego Oka, nació y creció en Lima. Su cocina tiene influencias que van desde la herencia de su abuela japonesa, pasando por su experiencia personal, hasta la comida que descubrió durante su estancia en México y Colombia. Trabajó durante muchos años con el reconocido chef peruano Gastón Acurio en su restaurante Astrid y Gastón de Lima. Actualmente es chef ejecutivo en el restaurante La Mar by Gastón Acurio en el hotel Mandarin Oriental de Miami; allí, Oka se enfoca en la cocina peruana, ofreciendo platillos como ceviches y causas, además de otros platillos nikkei.

La causa es uno de los platillos más populares en Perú. Consiste en puré de papa con pescado o marisco; es posible encontrarlo en todo el país, desde una simple cafetería hasta el restaurante más refinado. En esta receta, el chef Diego Oka ofrece su versión nikkei de este clásico platillo, el cual es deliciosamente refrescante y se puede preparar fácilmente en casa.

CAUSA NIKKEI

RENDIMIENTO: 4 PORCIONES

Pasta de rocoto y papa
450 g de papas
80 ml de aceite de canola
1 pizca de sal
el jugo de 2 limones
½ taza de pasta de rocoto

Tartar de atún
240 g de lomo de atún
30 g de salsa agridulce
   picante
¼ de cucharadita de *shichimi*
algunas gotas de aceite de
   ajonjolí, al gusto
¼ de cucharadita de sal
30 g de *mayoneizu*
   (ver pág. 232)
¼ de taza de jugo de limón
30 g de cebolla morada
   picada

Decoración
la pulpa de ½ aguacate
   ligeramente aplastada
   con un tenedor
2 cucharadas de salsa
   huancaína (ver pág. 235)
tiras delgadas de alga *nori*
   (*kizami nori*), al gusto
brotes de cilantro al gusto
shichimi al gusto

Pasta de rocoto y papa

Coloque sobre el fuego una olla con las papas y cúbralas con agua; cuézalas durante 20 minutos o hasta que estén suaves. Escúrralas, pélelas y páselas a través de un pasapuré o de un colador de malla fina. Mezcle el puré de papa mientras siga caliente con el aceite de canola y déjelo enfriar. Incorpore el resto de los ingredientes y resérvelo.

Tartar de atún

Corte el atún en cubos de 1 centímetro y mézclelos delicadamente en un tazón con el resto de los ingredientes.

Montaje

Sobre una mesa de trabajo, forme con la pasta de rocoto y papa un cilindro de 3 centímetros de altura aproximadamente. Córtelo en 12 trozos del tamaño de un bocado.

Sirva 3 trozos de pasta de rocoto y papa en cada plato y coloque un poco del aguacate sobre cada uno; distribuya encima el *tartar* de atún y añada el resto del aguacate. Bañe cada trozo con un poco de la salsa huancaína y decore con tiras de alga *nori* y brotes de cilantro al gusto. Antes de servir, espolvoree un poco de *shichimi*.

Nota. Puede comprar la pasta de rocoto, o bien elaborar en casa una receta similar con chile manzano. Para ello, retire las venas y las semillas de entre 6 y 8 chiles manzano, dependiendo del grado de picor que desee. Licue 4 cucharadas de vinagre con 3 dientes de ajo, 1 rama de apio troceada y ½ cebolla troceada hasta obtener una preparación homogénea. Añada los rocotos, el jugo de 3 limones y, con la licuadora encendida, vierta lentamente 1½ tazas de aceite de oliva; deberá obtener una salsa homogénea y espesa. Salpimiente al gusto.

Tataki en japonés significa sellado, técnica que consiste en cocer y dorar ligeramente la superficie de un trozo de pescado o de carne, mientras que el centro de la pieza permanece crudo y jugoso. Para que esta receta funcione, la calidad del atún es imperativa, así como el tiempo de cocción. Todos los lados del trozo de atún deberán ser sellados en un sartén muy caliente durante algunos segundos únicamente; posteriormente deberán sumergirse en la salsa *ponzu* trufada.

Este platillo es ideal para comer durante una tarde calurosa como ensalada: láminas de atún selladas condimentadas con la salsa *ponzu* trufada y servidas sobre una cama de hojas verdes, acompañadas con avellanas tostadas. Aunque también es una buena idea servirlas como entrada de una cena formal.

TATAKI DE ATÚN CON SALSA PONZU TRUFADA Y AVELLANAS TOSTADAS

RENDIMIENTO: 4 PORCIONES

1 receta de salsa *ponzu* trufada (ver pág. 234)
½ chalota picada finamente
1 cucharada de aceite de girasol
1 trozo de atún de 300 g
50 g de mezcla de hojas verdes para ensalada
2 cucharadas de avellanas tostadas y troceadas
2 cucharadas de cebollín picado

Mezcle en un recipiente la salsa *ponzu* trufada con la chalota y refrigérela durante 1 noche o 2 horas como mínimo. Este tiempo de reposo es esencial para suavizar la textura y el sabor de la chalota, así como para obtener un aderezo con un sabor ligeramente dulce.

Vierta la salsa *ponzu* trufada a un tazón donde pueda sumergir por completo el trozo de atún. Ponga sobre el fuego un sartén antiadherente con el aceite de girasol; cuando esté muy caliente, selle el trozo de atún durante algunos segundos por cada uno de sus lados sin sobrecocerlo. Retírelo del sartén y sumérjalo en la salsa. Cubra con plástico autoadherente el tazón y deje marinar el atún en refrigeración entre 30 minutos y 2 horas. En caso de que el trozo de atún no esté completamente sumergido en el aderezo, gírelo a la mitad del tiempo de marinado.

Justo antes de servir, saque el trozo de atún del aderezo y córtelo en rebanadas de ½ centímetro de grosor. Distribúyalas en platos individuales, colocándolas en forma de abanico o en línea. Báñelas con un poco de la salsa *ponzu* trufada.

Aderece la mezcla de hojas verdes con 2 cucharadas del aderezo restante y añádales la mitad de las avellanas. Coloque la ensalada a un lado del *tataki* de atún y decore con las avellanas restantes y el cebollín picado.

Nota. Puede sustituir la salsa *ponzu* trufada por la salsa *ponzu* con ajonjolí de la página 234; el resultado será igual de maravilloso.

En Brasil, las palabras churrasco (término que refiere a una parrillada de carnes) y *picanha* son casi sinónimos. Esta última es un corte de carne que se obtiene de la parte superior del *sirloin* y del aguayón. Es un corte triangular con una deliciosa capa de grasa, la cual le confiere a la carne un suculento sabor a la vez que la protege de cualquier exceso de cocción que pueda ocurrir en el parrillado. Para cocer la *picanha* en Brasil, se cubre con una capa de sal gruesa o en grano y se coloca en la parrilla sin agregarle otro ingrediente. En mi hogar nikkei en São Paulo, limitábamos el uso de sal, y en su lugar, marinábamos la carne con una mezcla de salsa de soya, limón, ajo y aceite de oliva.

En este churrasco brasileño agregué la receta de Anticucho de pollo con ají amarillo, así como Costillas de cordero marinadas en pasta de *miso* verde. La combinación de las tres recetas ofrece una experiencia auténtica de un asado nikkei, sin olvidar la *farofa*, un obligado en cualquier churrasco nikkei.

CHURRASCO BRASILEÑO CON SABORES NIKKEI

PICANHA

Aderezo de soya y limón

½ taza de salsa de soya

¼ de taza de aceite de oliva
extra virgen

¼ de taza de jugo de limón

6 dientes de ajo rallados

1 chile rojo sin semillas
ni venas, picado finamente

***Farofa* brasileña**

4 cucharadas de aceite
de oliva extra virgen

4 dientes de ajo rallados

400 g de harina para *farofa*

flor de sal o sal de mar
al gusto

pimienta molida al gusto

Carne

1 trozo de *picanha* brasileña
de 1.3 kg

150 g de sal en grano

cantidad suficiente de aceite
de girasol para engrasar

Aderezo de soya y limón

Prepare el aderezo de soya y limón mezclando todos los ingredientes en un tazón. Resérvelo.

***Farofa* brasileña**

Ponga sobre fuego medio un sartén con el aceite de oliva; cuando esté caliente, sofría en él el ajo durante algunos segundos. Añada la harina para *farofa* y, sin dejar de mezclar, cueza la preparación entre 5 y 10 minutos o hasta que tenga un color dorado. Retire la *farofa* del fuego, salpimiéntela al gusto y resérvela.

Carne

Haga un diseño de cuadrícula en la *picanha* haciéndole incisiones poco profundas en la grasa. Córtela en 4 o 5 filetes de entre 2.5 y 5 centímetros de grosor y de entre 200 y 300 gramos cada uno. Colóquelos en una charola para hornear y cúbralos con suficiente sal en grano. Para cocer la *picanha* opte por alguna de las dos siguientes:

Cocción en parrilla. Caliente una parrilla y engrásela con suficiente aceite; cuando esté bien caliente, ase los trozos de *picanha* con el lado de la grasa hacia arriba hasta que comiencen a salir un poco de los jugos de la carne; después, ase todos los costados hasta que comiencen a dorarse. Barnice la carne con la mitad del aderezo de soya y limón y continúe la cocción, esta vez con el lado de la grasa hacia abajo. Procure colocar los filetes en la parte menos caliente de la parrilla para evitar que se sobrecuezan. Áselos entre 15 y 25 minutos o hasta que tengan el término de cocción deseado. Esto dependerá del grosor de los filetes y de la potencia de su parrilla. Para verificar el término de cocción, saque un filete de la parrilla y hágale una incisión al centro para ver el interior.

Cocción en horno. Precaliente el *grill* o asador del horno. Coloque los trozos de *picanha* sobre una rejilla con la grasa haciendo contacto con ella, y póngala en una charola para hornear, necesaria para recuperar los jugos de cocción de la carne. Hornee los filetes durante 7 minutos en la parte superior del horno; gírelos y continúe la cocción, en la parte inferior del horno, entre 6 y 10 minutos. Barnice la carne con el aderezo de soya y limón y continúe la cocción durante 2 minutos más. Rectifique la cocción siguiendo el mismo método que en la parrilla, o bien, midiendo la temperatura interna de los filetes con un termómetro de cocina. Para una carne roja, la temperatura deberá ser de 60 °C; para una carne medio roja, de 63 °C; para un término medio, de 71 °C y para bien cocida, deberá ser de 77 °C.

Presentación

Deje reposar la *picanha* durante algunos minutos antes de servirla. Córtela en rebanadas delgadas y colóquelas en un platón. Sirva la carne al centro de la mesa junto con la *farofa* a temperatura ambiente y el resto del aderezo de soya y limón. La idea de este platillo es compartir y que cada comensal se sirva a su gusto y elija el trozo de carne que más le apetezca.

150 g de pasta de *miso* blanco

⅔ de taza de hojas de cilantro
picadas

4 chiles jalapeños verdes, sin
semillas ni venas y picados

4 dientes de ajo rallados

1 trozo de jengibre de 2.5 cm,
pelado y rallado

1 cucharadita de flor de sal
o sal de mar

1 cucharadita de pimienta
blanca molida

4 cucharadas de vinagre
de arroz

el jugo de 1 limón

3 cucharadas de aceite
de oliva

1 cucharada de ajonjolí tostado

12 costillas de cordero

cantidad suficiente de aceite
de girasol para engrasar

1.2 kg de muslos de pollo
de 150 g c/u con piel y con
hueso, partidos por la mitad
a lo ancho

1½ recetas de marinada
nikkei de anticucho para
pollo (ver pág. 241)

cantidad suficiente de aceite
de girasol para engrasar

COSTILLAS DE CORDERO CON ADEREZO PICANTE DE MISO VERDE

Añada a un procesador de alimentos todos los ingredientes, excepto las costillas de corde-ro y el aceite de girasol, y muélalos hasta obtener una pasta homogénea y tersa.

Unte las costillas de cordero con dos terceras partes del aderezo y déjelas reposar en re-frigeración durante 1 noche o 4 horas como mínimo. Reserve el resto del aderezo.

Para cocer las costillas puede elegir alguna de las dos siguientes opciones:

Cocción en parrilla. Caliente una parrilla a fuego alto y engrásela con suficiente aceite. Retire con una brocha el exceso de aderezo de las costillas y resérvelo. Cuando la parrilla esté bien caliente, ase las costillas entre 3 y 4 minutos por ambos lados, barnizándolas con el ade-rezo de *miso* antes y después de girarlas. Verifique la cocción, cortando un pequeño trozo de una de las costillas. Retírelas de la parrilla y déjelas reposar durante 5 minutos.

Cocción en horno. Precaliente el *grill* o asador del horno. Coloque las chuletas sobre una rejilla previamente engrasada y ponga ésta encima de una charola para hornear. Ase las costillas siguiendo el mismo procedimiento que para la cocción en parrilla.

Sirva las costillas acompañadas con el aderezo de *miso* verde que reservó.

ANTICUCHO DE POLLO CON AJÍ AMARILLO

Coloque los muslos de pollo en un tazón, cúbralos con la mitad de la marinada de anticucho y masajee la carne para que se impregne bien. Cubra el tazón y deje reposar el pollo en re-frigeración durante 1 noche u 8 horas como mínimo.

Para cocer el pollo puede elegir alguna de las dos siguientes opciones:

Cocción en parrilla. Caliente una parrilla y engrásela con suficiente aceite. Retire con una bro-cha el exceso de marinada de los muslos de pollo y resérvela. Cuando la parrilla esté bien caliente, reduzca la intensidad del fuego a medio y ase los muslos con la piel hacia arriba durante 12 minutos. Barnícelos con la marinada por todos lados y gírelos; continúe la coc-ción durante 12 minutos más. Verifique la cocción de los muslos picando el centro de uno de ellos; si el líquido que sale no presenta sangre, estarán listos. Retírelos de la parrilla y déjelos reposar durante 5 minutos.

Cocción en horno. Precaliente el *grill* o asador del horno. Retire con una brocha el exceso de marinada de los muslos de pollo y colóquelos sobre una rejilla con la piel haciendo con-tacto con ella; póngala encima de una charola para hornear, necesaria para recuperar los jugos de cocción. Ase los muslos de pollo durante 8 minutos. Barnícelos por todos lados con la marinada, gírelos y continúe la cocción durante 7 minutos más o hasta que la piel esté dorada y crujiente. Verifique la cocción siguiendo el mismo procedimiento que para el mé-todo en parrilla; o bien, midiendo la temperatura interna de los muslos con un termómetro de cocina, la cual deberá ser de 75 °C. Retírelos de la parrilla y déjelos reposar durante 5 minutos.

Sirva los muslos de pollo acompañados con la marinada de anticucho que reservó.

Nota. En la *picanha*, la sal actúa como protección para la carne para mantenerla jugosa; además, al no ser una sal fina, no penetra tan fácilmente en la carne, por lo cual no produ-ce un sabor sumamente salado y crea una deliciosa costra crujiente.

RENDIMIENTO: 6 PORCIONES

1.5 ℓ de *dashi* (ver pág. 230)
⅔ de taza de sake
200 ml de salsa de soya
⅔ de taza de *mirin*
75 g de azúcar
5 dientes de ajo, aplastados
1 anís estrella
2 chiles de árbol rojos frescos
  cortados en cuartos
¼ de taza de arroz de grano
  corto
200 g de *daikon* pelado,
  cortado en trozos de 2 cm
cantidad suficiente de aceite
  de girasol
1 kg de costilla cargada de
  res, deshuesada y cortada
  en 6 trozos
150 g de zanahoria cortada
  en trozos de 2 cm
1 cebolla mediana troceada
150 g de castañas tostadas
  (ver Nota de la pág. 110)
50 g de chícharos de nieve
1 cucharada de fécula de maíz
3 cucharadas de agua

Coloque en un tazón el *dashi* con el sake, la salsa de soya, el *mirin*, el azúcar, los dientes de ajo, el anís estrella y los chiles de árbol; mezcle hasta que el azúcar se disuelva y reserve este caldo.

Ponga sobre el fuego un sartén con el arroz y los trozos de *daikon*, y cúbralos con agua; cuando hierva, baje el fuego y cueza durante 5 minutos. Retire los trozos de *daikon* del arroz y deseche este último. Este proceso de blanqueado del *daikon* ayuda a eliminar cualquier sabor amargo u olor desagradable.

Ponga sobre el fuego una olla exprés o una cacerola de hierro fundido, que tenga tapa y que se pueda introducir al horno, con un poco de aceite de girasol; cuando esté caliente, fría en él la mitad de los trozos de costilla, moviéndolos ocasionalmente, durante 5 minutos o hasta que se doren uniformemente. Retírelos de la olla o cacerola y dore de la misma forma los trozos restantes, agregando un poco más de aceite en caso de ser necesario. Reserve los trozos de costilla y retire con un papel absorbente el aceite de la olla o cacerola.

Añada a la olla o cacerola los trozos de *daikon* y de zanahoria, la cebolla, las castañas y los trozos de costilla dorados, y cubra los ingredientes con el caldo de *dashi*; si sobra caldo, resérvelo. En caso de que utilice olla exprés, tápela y cueza durante 25 minutos a partir de que la olla comience a sonar. Transcurrido este tiempo, apague el fuego y deje enfriar la olla por completo entre 30 minutos y 1 hora antes de abrirla. En caso de que utilice cacerola, precaliente el horno a 170 °C. Ponga la cacerola sobre el fuego y deje que el caldo hierva; después, tape la cacerola e introdúzcala en el horno con mucho cuidado, Hornee la preparación entre 2 y 2½ horas; la carne deberá estar suave pero no sobrecocida.

Ponga sobre el fuego una olla con agua y un poco de sal; cuando hierva, sumerja los chícharos de nieve durante 30 segundos; escúrralos y enfríelos bajo el chorro de agua fría. Retíreles el exceso de agua con papel absorbente, córtelos por la mitad y resérvelos.

Retire la capa de grasa que se haya formado en la superficie de la preparación. Saque de la olla dos terceras partes del caldo de cocción, páselo a través de una coladera cubierta con una manta de cielo y colóquelo en una olla sobre fuego medio; déjelo reducir a la mitad de su volumen inicial y suba la intensidad del fuego. Disuelva la fécula de maíz en el agua y añádala poco a poco al caldo, mezclando constantemente, hasta que obtenga una salsa espesa (probablemente no necesitará agregar toda la mezcla de fécula). Pruebe la salsa y rectifique la cantidad de sal.

Sirva un trozo de costilla al centro de platos hondos individuales, distribuya alrededor de ésta los trozos de *daikon*, zanahoria y cebolla, así como las castañas y los chícharos de nieve. Bañe todos los ingredientes con la salsa y sirva.

Nota. Si cuenta con poco tiempo, sustituya el *dashi* con 1½ cucharadas de *dashi* en polvo mezcladas con 1.5 litros de agua hirviendo.

Me gusta utilizar costilla cargada de res para preparar este platillo nikkei. La carne se debe cocer hasta que sea suave y se deshaga en la boca. Se baña con una salsa de intenso sabor, y se sirve con tubérculos, chícharos de nieve y castañas. Puede preparar este guiso con antelación; de hecho, sabe mejor si lo prepara uno o dos días antes de consumirlo. Es una opción ideal para un día frío, y al ser un platillo completo, sólo necesitará un tazón con arroz para acompañarlo.

COSTILLAS DE RES COCIDAS A FUEGO LENTO
CON SAKE, SALSA DE SOYA Y AZÚCAR MASCABADO

Pocos platillos simbolizan mejor la simbiosis entre los sabores japoneses y sudamericanos que este increíble filete. El consumo de carne de res es bastante reciente en Japón, ya que su prohibición duró hasta finales del siglo XIX. En Sudamérica sucede todo lo contrario, sobre todo en países como Brasil y Argentina, donde los churrascos o carnes asadas están fuertemente enraizados en sus culturas.

La pasta de *miso* es más que un simple ingrediente para preparar la famosa sopa *miso*. Es sumamente versátil y tiene un delicioso sabor umami. Para esta receta, lo utilizo como complemento del sabor ahumado del ají panca, un chile muy popular en Perú, y esta mezcla la utilizo para marinar un *rib eye* de la mejor calidad. Para esta receta debe marinar los filetes entre 1 y 2 noches para obtener un sabor más intenso. El mejor acompañamiento de estos filetes es una mezcla de verduras verdes asadas (ver pág. 183).

RIB EYE MARINADO CON MISO Y AJÍ PANCA

RENDIMIENTO: 4 PORCIONES

Marinación de *rib eyes*
¼ de taza de pasta de *miso* rojo
1 cucharada de pasta de ají panca
1 cucharada de sake
2 cucharadas de *mirin*
1 cucharada de azúcar
2 *rib eyes* de 400 g c/u

Crema de *miso* y ají panca
100 g de pasta de *miso* café
250 ml de crema espesa
¼ de taza de *mirin*
2 cucharadas de agua
½ cucharadita de *dashi* en polvo
2 cucharaditas de pasta de ají panca
2 cucharaditas de salsa macha
2 cucharadas de vinagre de arroz
1 cucharada de fécula de maíz

Cocción de *rib eyes*
2 cucharadas de aceite

Marinación de *rib eyes*

Ponga sobre el fuego un sartén con todos los ingredientes; mezcle constantemente entre 10 y 15 minutos con una espátula, raspando la base del sartén para que la marinada no se pegue. Transfiera la marinada a una bolsa de plástico resellable donde quepan los *rib eyes* y deje que se enfríen por completo. Introduzca los *rib eyes* a la bolsa y déjelos marinar en refrigeración entre 1 y 2 días.

Crema de *miso* y ají panca

Coloque en un sartén sobre fuego medio la pasta de *miso* con la crema espesa, el *mirin*, la mitad del agua, el *dashi* en polvo, la pasta de ají panca y la salsa macha. Mezcle constantemente con un batidor globo hasta que el *miso* se disuelva y obtenga una preparación homogénea. Incorpórele el vinagre de arroz y rectifique la cantidad de sal.

Disuelva la fécula de maíz con el resto del agua y añádala poco a poco a la crema, mezclando constantemente hasta que obtenga una consistencia espesa y homogénea. Retírela del fuego y resérvela caliente.

Cocción de *rib eyes*

Saque los *rib eyes* del refrigerador 2 horas antes de que los vaya a preparar.

Ponga sobre el fuego un sartén grande con las 2 cucharadas de aceite; cuando esté bien caliente, escurra el exceso de marinada de los filetes y fríalos durante 2 minutos por cada lado para obtener un término rojo; o bien, cuézalos hasta que obtenga el término de cocción deseado. Colóquelos en una tabla para picar y déjelos reposar durante 1 minuto.

Corte la carne en rebanadas delgadas y sirva 5 de ellas en cada plato. Añada a cada plato 2 cucharadas de la crema de *miso* y ají panca y acompáñelas con una mezcla de verduras asadas.

Nota. Si no consigue la pasta de ají panca, puede sustituirla con una pasta casera de chile habanero seco. El sabor no es el mismo, pero funciona. Para ello, deje secar al sol algunos chiles habaneros rojos hasta que estén bien deshidratados; después, hiérvalos en suficiente agua durante 5 minutos; escúrralos y repita este paso 2 veces más. Retíreles las semillas y las venas, y muélalos en un procesador de alimentos hasta obtener una pasta.

Conocido en japonés como *buta no kakuni*, este platillo es una importación china que Japón adoptó de corazón. Utilizo esta suave panza de res para mis Bollos *hakata* a mi estilo nikkei (ver pág. 44). Cocinar la carne en arroz integral la suaviza de una forma que no se lograría con otro método, a la vez que la mantiene suculenta y jugosa. Es recomendable comenzar a preparar este platillo un día antes de que lo vaya a consumir; o bien, utilice una olla exprés para cocer la carne.

PANZA DE CERDO COCIDA LENTAMENTE EN ARROZ INTEGRAL, CARAMELIZADA CON SALSA DE SOYA, SAKE Y VINAGRE

RENDIMIENTO: 4 PORCIONES

1 cucharada de aceite
  de girasol
1 trozo de 900 g de panza
  de cerdo sin hueso
250 g de arroz integral
750 ml de *dashi* (ver pág.
  230)
½ taza de sake
¼ de taza de *mirin*
½ taza de azúcar mascabado
½ taza de salsa de soya
1-2 anises estrella
80 g de jengibre cortado
  en rebanadas muy delgadas
  + 20 g cortado en tiras
  muy delgadas
1 cucharada de fécula de maíz
  disuelta en ½ taza de agua
  fría (opcional)
1 cucharada de mostaza
  japonesa

Precaliente el horno a 120 °C.

Ponga el aceite de girasol en una cacerola de fondo grueso con tapa que pueda introducir al horno. Colóquela sobre fuego medio-alto y, cuando el aceite se caliente, selle el trozo de panza de cerdo con el lado de la grasa hacia abajo; déjela dorar durante 5 minutos. Dele la vuelta y dórela por el lado contrario durante 5 minutos más. Retire la cacerola del fuego, transfiera el trozo de panza a un plato, y escurra y deseche el exceso de grasa de la cacerola.

Coloque nuevamente la carne en la cacerola y cúbrala con el arroz. Añada la cantidad necesaria de agua para que cubra los ingredientes y los sobrepase 2.5 centímetros. Tape la cacerola e introdúzcala con cuidado en el horno. Hornee la panza durante 6 u 8 horas o hasta que la panza de cerdo esté muy suave. Saque la cacerola del horno, destápela y deje enfriar la carne bajo la costra de arroz durante 2 horas.

Saque de la olla el trozo de panza de cerdo con delicadeza para no romperlo. Retírele cualquier resto de arroz y envuélvala en plástico autoadherente. Refrigere la carne durante 8 horas como mínimo o hasta por 2 días.

Saque la panza del plástico autoadherente y córtela en 4 trozos. Ponga sobre el fuego un sartén grande de fondo grueso con el *dashi*, el sake, el *mirin*, el azúcar mascabado, la salsa de soya, los anises estrella y las rebanadas de jengibre. Mezcle hasta que obtenga una salsa homogénea. Añada los trozos de panza de cerdo al sartén; cuando la salsa hierva, baje el fuego al mínimo y deje cocer la preparación, girando la carne ocasionalmente, entre 1 y 2 horas o hasta que esté muy suave.

Cuele la salsa donde se cocinó la carne y colóquela en un sartén sobre el fuego. Déjela reducir, mezclándola ocasionalmente, hasta que se espese y tenga la consistencia de un jarabe ligero; evite reducirla demasiado para no obtener una salsa muy salada. En caso de que necesite espesar la salsa, disuelva la fécula de maíz en el agua y añádala poco a poco a la salsa, mezclándola constantemente con un batidor globo, hasta que obtenga la consistencia deseada.

Sirva los trozos de panza de cerdo en platos individuales, báñelos con 2 cucharadas de la salsa, decórelos con las tiras de jengibre y acompáñelos con la mostaza japonesa.

Nota. Si desea acelerar el tiempo de preparación, puede cocer la panza de cerdo en una olla exprés. El platillo quedará igual de sabroso, aunque la carne no será tan suave. Para ello, selle el trozo de panza de cerdo como se indica en la receta y colóquelo en la olla exprés; cúbralo con 100 gramos de arroz integral y añada el agua. Cierre la olla y cueza la carne durante 1 hora. Transcurrido ese tiempo deje enfriar la olla entre 30 minutos y 1 hora. Refrigere la carne como se indica en la receta, y después regrésela a la olla exprés junto con los ingredientes de la salsa. Cocínela durante 1 hora más, deje enfriar la olla y sirva.

Los cerdos ibéricos están entre los más sabrosos en el mundo. Los más apreciados son los que son alimentados exclusivamente de bellotas, las cuales les confieren una deliciosa carne marmoleada. Si no logra conseguir cachetes de cerdo ibérico, utilice los que considere que sean de calidad. El *daikon* debe cocinarse de manera que resulte suave y cremoso, ya que al ser comido con el untuoso *foie gras*, hará que pueda servir este platillo en una ocasión especial.

CACHETES DE CERDO IBÉRICO CON DAIKON Y FOIE GRAS

RENDIMIENTO: 4 PORCIONES

Daikon
500 g de *daikon*
1.5 ℓ de agua
50 g de arroz de grano corto
500 ml de *dashi*
   (ver pág. 230)
125 g de mantequilla derretida
50 ml de salsa de soya
50 ml de *mirin*
1 cucharada de azúcar

Cachetes de cerdo
cantidad suficiente de aceite
   de girasol para freír
8 trozos de cachete de cerdo
   de 125 g c/u
700 ml de *dashi*
   (ver pág. 230)
150 ml de sake
150 ml de salsa de soya
150 ml de *mirin*
50 g de azúcar mascabado
1 trozo de jengibre
   de 2.5 cm, con piel
   y cortado en rebanadas
1 anís estrella
1-2 cucharadas de fécula de
   maíz disuelta en ¼ de taza
   de agua (opcional)

Montaje
6 chícharos de nieve
1 bloque de *foie gras* de 100 g
   cortado en 4 rebanadas

Daikon

Pele el *daikon* y córtelo en rodajas de 4 centímetros. Haga un orificio en el centro de cada una.

Ponga sobre el fuego un sartén con el agua y el arroz; cuando el agua hierva, agregue las rodajas de *daikon* y déjelas cocer durante 5 minutos. Retírelas del agua y deseche el agua y el arroz. Este proceso de blanqueado del *daikon* ayuda a eliminar cualquier sabor amargo u olor desagradable.

Ponga sobre el fuego un sartén con el resto de los ingredientes y mezcle hasta obtener una salsa homogénea. Vierta esta mezcla, junto con las rodajas de *daikon*, en una olla exprés o una cacerola de fondo grueso que pueda hornear. Cueza la preparación durante 30 minutos si utiliza una olla exprés, u hornéela a 200 °C durante 1½ horas si utiliza una cacerola. Reserve las rodajas de *daikon* en el líquido de cocción.

Cachetes de cerdo

Ponga un poco de aceite de girasol en una olla exprés o una cacerola de fondo grueso con tapa que pueda introducir en el horno. Colóquela sobre el fuego y, cuando el aceite se caliente, selle los trozos de cachete de cerdo por todos sus lados durante 3 minutos. Retire la olla o cacerola del fuego, transfiera los trozos de cachete a una rejilla y déjelos escurrir. Deseche el exceso de grasa de la olla o la cacerola.

Mezcle todos los ingredientes restantes, excepto la fécula de maíz, y colóquelos en la olla o cacerola junto con los trozos de cachete de cerdo.

Si eligió una olla exprés para cocer los cachetes, tápela, colóquela sobre el fuego y cocínelos durante 1 hora a partir de que la olla comience a sonar. Retire la olla del fuego y déjela enfriar entre 30 minutos y 1 hora antes de abrirla. Si eligió una cacerola de fondo grueso, precaliente el horno a 150 °C. Tape la cacerola, introdúzcala en el horno y cueza los cachetes durante 3 horas.

Saque los trozos de cachete de la olla o la cacerola, cúbralos con un poco de caldo y resérvelos hasta el momento de servirlos. Asimismo, deje que el caldo de cocción se enfríe en la olla.

Retire la capa de grasa que se haya formado en la superficie del caldo. Póngalo sobre el fuego y déjelo reducir a la mitad de su volumen inicial. Después, suba la intensidad del fuego.

Si considera que debe añadir la fécula de maíz para espesar el caldo, añádala poco a poco, mezclando constantemente hasta obtener una salsa espesa. Pruebe la salsa y rectifique la cantidad de sal.

Montaje

Ponga sobre el fuego una olla con agua y un poco de sal; cuando hierva, sumerja los chícharos de nieve durante 30 segundos; escúrralos y enfríelos bajo el chorro de agua fría. Retíreles el exceso de agua con papel absorbente, córtelos por la mitad y resérvelos.

Dore las rebanadas de *foie gras* en un sartén caliente sobre el fuego durante 30 segundos, o con un soplete de cocina. Déjelas reposar sobre papel absorbente.

Caliente las rodajas de *daikon* en su líquido de cocción. Corte los trozos de cachete de cerdo en rebanadas delgadas y caliéntelas con el caldo en donde los reservó. Coloque al centro de platos hondos 1 o 2 rodajas de *daikon*, encima un par de rebanadas de cachete de cerdo y 2 o 3 cucharadas de la salsa. Termine con 1 rebanada de *foie gras* sobre las rebanadas de cachete de cerdo y decore con los chícharos de nieve.

Nota. Puede cocer los cachetes de cerdo hasta con 2 días de anticipación.

Uno de los platillos de verano favoritos en Japón es el *buta no shoga yaki*. Consiste en una fresca ensalada con rebanadas delgadas de panza de cerdo fritas, marinadas en salsa de soya con jengibre. Es una comida completa y muy refrescante gracias al picante y potente sabor del jengibre.

ENSALADA DE PANZA DE CERDO FRITA AL JENGIBRE CON VINAGRETA DE WASABI

BUTA NO SHOGA YAKI AL ESTILO NIKKEI

RENDIMIENTO: 4 PORCIONES

Vinagreta de *wasabi*

3 cucharadas de salsa de soya
2 cucharadas de vinagre
  de arroz
1 cucharada de jengibre
  rallado
2 cucharaditas de azúcar
1 cucharada de *wasabi*
  en pasta
2 cucharadas de aceite
  de girasol
1 cucharadita de aceite
  de ajonjolí

Verduras

50 g de chícharos de nieve
½ aguacate
25 g de cebollas de primavera
  o cebollas cambray tiernas
  con hojas, cortadas
  en rodajas
el jugo de ¼ de limón

Panza de cerdo

4 cucharadas de salsa de soya
2 cucharadas de *mirin*
1 cucharada de jengibre fresco
  rallado
pimienta molida, al gusto
400 g de panza de cerdo
  cortada en rebanadas muy
  delgadas
1-2 cucharadas de aceite
  de girasol
1 cebolla fileteada
1 diente de ajo picado
ajonjolí tostado, al gusto

Montaje

100 g de hojas de lechuga
  romana, troceadas
25 g de hojas de arúgula
  tiernas
⅓ de taza de hojas de cilantro

Vinagreta de *wasabi*

Coloque en un frasco la salsa de soya, el vinagre de arroz, el jengibre, el azúcar y el *wasabi*. Cierre el frasco y agítelo hasta que el azúcar y el *wasabi* se disuelvan. Añada los aceites y mezcle nuevamente hasta obtener una emulsión. Reserve.

Verduras

Ponga sobre el fuego una olla con agua y un poco de sal; cuando hierva, sumerja los chícharos de nieve y cuézalos durante 2 minutos. Escúrralos y enfríelos bajo el chorro de agua fría. Retíreles el exceso de agua con papel absorbente, córtelos por la mitad y resérvelos.

Corte en cubos el aguacate, colóquelos en un recipiente con la cebolla de primavera o cebolla cambray tierna, y añada el jugo del limón. Mezcle y reserve en refrigeración.

Panza de cerdo

Mezcle en un recipiente la salsa de soya, el *mirin*, el jengibre y pimienta al gusto. Añada las rebanadas de panza de cerdo, tape el recipiente y déjelas reposar entre 10 y 15 minutos.

Saltee a fuego medio en un sartén antiadherente con el aceite de girasol, la cebolla fileteada durante 5 minutos; añada el ajo y cocine durante 1 minuto más. Agregue las rebanadas de panza de cerdo marinadas sin que se tuerzan; cocínelas entre 2 y 3 minutos por ambos lados hasta que estén doradas y cocidas.

Montaje

Distribuya en platos individuales las hojas de lechuga, arúgula y cilantro, así como los chícharos de nieve y la mezcla de cubos de aguacate. Bañe los ingredientes de cada plato con 1 o 2 cucharadas de vinagreta de *wasabi*. Acomode encima las tiras de panza de cerdo con la cebolla, y báñelas con un poco más de vinagreta de *wasabi*.

Cuando comencé a escribir este libro, una de las primeras recetas que me vino a la mente fueron las costillas de cerdo *barbecue* de mi hermano Ricardo; así que este libro no estaría completo sin ellas. Mi hermano es fotógrafo profesional de día y un conocedor gourmet de noche, así como chef parrillero oficial en la familia. Disfruta invitar a sus amigos a compartir unas cervezas y un churrasco nikkei. He tenido la fortuna de estar presente en muchos de estos eventos cuando he estado de visita en Brasil.

Para obtener mejores resultados, marine las costillas con uno o dos días de anticipación y cocínelas a fuego bajo para que no se quemen, pero que queden bien cocidas por dentro. La pasta de *miso* ayudará a curar la carne, por lo que ésta tendrá un sabor intenso y una textura suave. Por su parte, el azúcar permitirá que las costillas se caramelicen a la perfección. ¡Puedo asegurarle que después de comerlas se chupará los dedos!

Puede servir estas costillas como uno de los platillos en el Churrasco brasileño con sabores nikkei (ver pág. 154), o como acompañamiento del Pollito de leche piri-piri estilo nikkei (ver pág. 171).

COSTILLAS BBQ ESTILO RICARDO MARINADAS CON MISO Y LIMÓN

RENDIMIENTO: 4 PORCIONES

500 g de pasta de *miso* café
¼ de taza de azúcar
2 cucharadas de aceite
  de ajonjolí tostado
el jugo de 5 limones
la ralladura de 2 limones
2 kg de costillas de cerdo
  cargadas, cortadas en
  porciones individuales
los gajos de 2 limones

Mezcle en un tazón grande todos los ingredientes, excepto las costillas de cerdo y los gajos de limón. Añada las costillas de cerdo y masajéelas con las manos. Cubra el tazón y resérvelo en refrigeración mínimo durante 2 horas o hasta 2 días.

Elija entre alguno de los siguientes dos métodos de cocción:

Parrilla de carbón. Precaliente la parrilla con el carbón, y cuando esté lista, cueza en ella las costillas durante 10-15 minutos, volteándolas constantemente y barnizándolas con la marinada en cada vuelta. Al final, las costillas deben estar doradas y un poco tatemadas de las orillas. Verifique la cocción realizando una pequeña incisión en una de las costillas; si la carne es blanca y le salen jugos traslúcidos, están listas.

Cocción en *grill* del horno. Precaliente el *grill* del horno. Cuando esté listo, coloque las costillas en una charola con el hueso hacia arriba y hornéelas durante 6 minutos. Deles la vuelta y cocínelas durante 6 minutos más. Voltéelas nuevamente, hornéelas durante 4 minutos y repita este paso. Verifique la cocción de las costillas como se indica en la cocción en parrilla. El tiempo de horneado dependerá del grosor de las costillas y de la potencia del horno.

Deje reposar las costillas durante 2 minutos y sírvalas con los gajos de limón.

Piri-piri es una salsa clásica portuguesa que se utiliza generalmente para marinar aves. Sus ingredientes, chile, ajo y vinagre, son distintivos de la cocina portuguesa. En esta versión nikkei, mi salsa piri-piri combina ingredientes peruanos, como chiles rocoto, con sabores japoneses.

Sugiero marinar el pollo durante 1 noche y cocinarlo en una parrilla de carbón, aunque también puede hacerse en el *grill* del horno. Es excelente para servir como uno de los platillos en una parrillada grande, como el Churrasco brasileño con sabores nikkei (ver pág. 154), o como acompañante de las Costillas BBQ estilo Ricardo (ver pág. 168).

Una parte de la marinada se mezcla con crema de coco para crear una espectacular salsa que acompaña el platillo final.

POLLITO DE LECHE PIRI-PIRI ESTILO NIKKEI

RENDIMIENTO: 4 PORCIONES

Salsa piri-piri

6 cucharadas de pasta
  de rocoto
6 cucharadas de vinagre
  de arroz
6 cucharadas de salsa
  de soya
8 cucharadas de aceite de
  oliva extra virgen
120 g de cebolla morada
  picada finamente
6 dientes de ajo picados
2 cucharaditas de comino
  molido
1 cucharadita de pimienta
  negra molida
2 cucharaditas de flor de sal
  o de sal de mar
2 cucharaditas de azúcar

Pollitos de leche

4 pollitos de leche
cantidad suficiente de sal
  de grano
1 cucharada de azúcar
3 cucharadas de crema
  de coco
1 cucharada de brotes
  de cilantro
4 gajos de limón

Salsa piri-piri

Mezcle todos los ingredientes y rectifique la sazón, añadiendo más sal o pasta de rocoto.

Pollitos de leche

Coloque en un tazón grande los pollitos de leche y úntelos con las manos la mitad de la salsa piri-piri mientras masajea la carne de éstos. Reserve la mitad restante de la salsa piri-piri en refrigeración. Cubra el tazón con los pollitos de leche y déjelos marinarse en refrigeración mínimo durante 6 horas y máximo 1 día.

Precaliente el horno a 200 °C. Forre una charola para hornear con papel aluminio.

Escurra los pollitos de leche de la salsa piri-piri y colóquelos en la charola con la pechuga hacia arriba; reserve la salsa. Espolvoree los pollitos de leche con suficiente sal de grano y hornéelos durante 20 minutos, barnizándolos cada 5 minutos con la salsa piri-piri donde se marinaron. Verifique la cocción realizando una pequeña incisión en uno de los muslos de un pollito; si la carne es blanca y los jugos salen traslúcidos, están listos. Otra manera de comprobar la cocción es cuando hayan alcanzado una temperatura interna de entre 75 y 80 °C.

Encienda el *grill* del horno y deje que los pollitos se doren durante 5 minutos. Sáquelos del horno y déjelos reposar un par de minutos.

Ponga sobre el fuego una olla con la mitad de la salsa pirir-piri que reservó en refrigeración y mézclela con el azúcar. Cuando hierva, incorpórele la crema de coco y retírela del fuego.

Sirva colocando 1 pollito de leche por plato, báñelos con un poco de la salsa piri-piri con coco y decore con los brotes de cilantro. Acompañe con los gajos de limón.

Nota. Si no encuentra los pollitos de leche, puede sustituirlos con 8 muslos de pollo con piel y hueso.

Sushisamba probablemente es la cadena de restaurantes de cocina nikkei más conocida fuera de Brasil y Perú. Sus restaurantes han sido un elemento clave para difundir cocina nikkei de calidad a un gran número de personas en Estados Unidos y en Europa. Pedro Duarte nació en los Andes peruanos y tiene fuertes antecedentes culinarios, pues ayudó a sus padres a llevar el restaurante familiar. En 2001 se mudó a Estados Unidos para trabajar como chef ejecutivo del Sushisamba de Nueva York. Esta receta es uno de sus platillos nikkei distintivos.

PECHUGA DE PATO ROBATA

CON CEBOLLAS CAMBRAY ENCURTIDAS Y VINAGRETA SANSHO

RENDIMIENTO: 4 PORCIONES

Marinación de pechugas de pato
400 ml de salsa de soya
400 ml de *mirin*
1 diente de ajo picado finamente
1 cucharada de jengibre fresco picado finamente
4 pechugas de pato de 140 g c/u

Vinagreta *sansho*
2 cucharadas de salsa de soya
2½ cucharaditas de sake
2 cucharadas de chalota picada finamente
2½ cucharaditas de jugo de *yuzu* salado
2½ cucharaditas de *mirin*
¼ de cucharadita de aceite de ajonjolí
16 g de pimienta *sansho* encurtida

Cebollas cambray encurtidas
¼ de taza de vinagre de jerez
¼ de taza de vinagre de vino tinto
1 cucharadita de pimientas rosas
2 cucharaditas de azúcar
4 cebollas cambray pequeñas, sin hojas

Montaje
4 hojas de bambú
4 gajos de limón
15 g de brotes de *shiso*

Marinación de pechugas de pato

Mezcle la salsa de soya, el *mirin*, el ajo y el jengibre.

Coloque las pechugas de pato en un recipiente grande donde quepan estiradas y sin encimarse. Báñelas con la mezcla de salsa de soya, cubra el recipiente y resérvelo en refrigeración entre 2 y 8 horas.

Vinagreta *sansho*

Mezcle en un tazón la salsa de soya, el sake, la chalota, el jugo de *yuzu* y el *mirin*. Añada el aceite de ajonjolí hasta que lo incorpore y agregue la pimienta *sansho* encurtida. Reserve.

Cebollas cambray encurtidas

Ponga sobre el fuego una olla con los vinagres, las pimientas rosas y el azúcar; cuando hierva, retire la olla del fuego y añada las cebollas cambray. Tape la olla y deje que la preparación se enfríe bien.

Montaje

Caliente el *grill* del horno a media intensidad.

Saque las pechugas de pato de la marinada y colóquelas en un refractario. Hornéelas hasta que tengan el término de cocción deseado: 4 minutos por cada lado para un término rosa; 6 minutos por lado para término medio, y 8 minutos por lado para un término bien cocido.

Coloque las pechugas en un plato caliente y déjelas reposar durante 5 minutos. Córtelas en rebanadas delgadas y júntelas para conservar la forma original de cada pechuga.

Coloque 1 hoja de bambú en cada plato individual y ponga encima de cada una 1 pechuga de pato rebanada; báñelas con un poco de la vinagreta *sansho*. Acompañe con las cebollas encurtidas y los gajos de limón, y decore con los brotes de *shiso*.

Esta es una de las recetas con carne más sencillas de todo el libro. Es un platillo delicado pero con mucho sabor, basado en tres ingredientes: pollo, *dashi* y calabaza *kabocha*. Para que este platillo salga bien, los ingredientes mencionados deben ser frescos y de calidad. El caldo se debe hacer al momento y debe ser cristalino (ver pág. 230). Es un plato a base de pollo muy elegante con el que seguro se sorprenderá.

ESTOFADO DE POLLO Y CALABAZA KABOCHA
CON ALGA KOMBU CARAMELIZADA

RENDIMIENTO: 4 PORCIONES

½ calabaza *kabocha* pequeña
1 ℓ de *dashi* primario (ver pág. 230)
½ taza de *mirin*
1½ cucharaditas de azúcar
1 trozo de alga *kombu* de 5 cm
5 cucharadas de salsa de soya ligera
4 muslos de pollo con hueso y piel
1 cucharadita de pimienta *sansho*
1 cucharadita de ajonjolí tostado
2 cucharaditas de alga *kombu* caramelizada (ver pág. 240)

Retire las semillas de la calabaza *kabocha* y córtela en 8 trozos del mismo tamaño. Redondee las orillas de cada uno con un pelapapas para evitar que las orillas se desprendan y ensucien el *dashi*. Colóquelos en una superficie plana con la piel hacia arriba y golpéelos con el dorso de la navaja del cuchillo para hacerles pequeñas grietas; esto ayudará a la piel a expandirse durante la cocción y evitará que los trozos de calabaza se rompan.

Ponga sobre fuego medio un sartén grande con los trozos de calabaza con la piel hacia abajo. Agregue el *dashi*, el *mirin*, el azúcar y el alga *kombu*. Cuando el líquido hierva, baje el fuego y cueza los trozos de calabaza durante 7 minutos o hasta que estén suaves pero firmes; para comprobar la cocción, al insertar un cuchillo en ellos, éste deberá deslizarse suavemente. Retire el sartén del fuego y añada a la preparación la salsa de soya. Déjela reposar entre 1 y 2 horas a temperatura ambiente.

Ponga sobre el fuego un sartén; cuando esté caliente, agregue los muslos de pollo con la piel hacia abajo y deje que se doren durante 1 minuto. Deles la vuelta y cocínelos durante 2 minutos más.

Saque los trozos de calabaza del caldo. Ponga el caldo sobre el fuego, añada los muslos de pollo y deje que el líquido hierva. Baje el fuego y continúe la cocción durante 12 minutos. Cuando los muslos estén bien cocidos, retírelos del sartén y resérvelos calientes.

Regrese los trozos de calabaza al caldo, suba la intensidad del fuego y deje que hierva nuevamente. Baje el fuego y continúe la cocción durante un par de minutos más.

Sirva colocando los muslos de pollo en platos hondos individuales y agregue en cada uno 2 trozos de calabaza. Bañe con 1 cucharón del caldo, espolvoree la pimienta *sansho* y el ajonjolí tostado, y decore con el alga *kombu* caramelizada.

Nota. Si no encuentra calabaza *kabocha*, sustitúyala por calabaza de Castilla.

VEGETALES,
ENSALADAS Y TOFU

El pérsimo o caqui, fruta nativa de Japón, fue introducida a Brasil por agricultores nikkei, donde se le conoce con su nombre japonés *kaki*. En Brasil, la gente ama esta dulce fruta que crece de forma abundante. Recuerdo que mi padre solía curar la fruta en tinas de sake para que los adultos la comieran como postre después de la cena, ¡lo envidiaba!

Esta ensalada combina una variedad de tubérculos con pérsimo para crear un platillo colorido y con distintas texturas que, además de ser exquisito, resulta divertido a la vista.

Todos los elementos en esta ensalada se pueden preparar con anticipación, aunque los tubérculos deben conservarse separados y mezclarse justo antes de servir la ensalada. La crema de *wasabi* y limón debe tener un sabor ácido y picante.

ENSALADA DE PÉRSIMO CON BETABEL Y RÁBANO BLANCO,
CREMA DE WASABI Y LIMÓN

RENDIMIENTO: 4 PORCIONES

150 g de pérsimo
100 g de betabel
100 g de rábano blanco
  redondo
½ receta de crema de *wasabi*
  y limón (ver pág. 237)
1 pizca de flor de sal
  o sal de mar
1 cucharada de cebollín picado
4 cucharadas de brotes
  mixtos (opcional)
1 cucharadita de ajonjolí negro
  tostado

Pele el pérsimo, el betabel y el rábano blanco; en este último retire también un poco de la carne pegada a la piel, ya que es un poco fibrosa y tiene un sabor amargo. Córtelos en cubos de 1 centímetro.

Mezcle los cubos de pérsimo, betabel y rábano, 3 cucharadas de la crema de *wasabi* y limón, la sal y el cebollín picado. Pruebe y ajuste la cantidad de sal.

Sirva la ensalada en platos individuales, añádale los brotes mixtos y espolvoréele el ajonjolí negro. Acompañe con el resto de la crema de *wasabi* y limón.

Nota. Si no encuentra el rábano blanco redondo, sustitúyalo por *daikon*.

En la cocina japonesa existen muchos usos para la pasta de *miso*, además de la conocida sopa. El *miso* es un ingrediente colmado de un sabor umami, que hasta ahora resulta casi desconocido en el Reino Unido; se elabora con frijoles de soya fermentados, es fácil de usar y proporciona un sabor intenso a cualquier platillo que lo incluya. Mezclado con azúcar y limón es ideal para marinar pescados o carnes a la parrilla, como las Costillas BBQ estilo Ricardo (ver pág. 168). ¿O por qué no, servirlo encima de berenjenas fritas colmadas con queso mozzarella y horneadas, como en esta receta?

BERENJENAS A LA PARRILLA CON DENGAKU DE MISO Y MOZZARELLA

RENDIMIENTO: 4 PORCIONES

Dengaku **de** *miso*

4 cucharadas de pasta
de *miso* café
4 cucharadas de *mirin*
2 cucharadas de agua
4 cucharaditas de azúcar

Berenjenas

2 berenjenas
4 cucharadas de aceite
4 cucharadas de aceite
de ajonjolí
1 taza de queso *mozzarella*,
rallado
1 cucharadita de ajonjolí
tostado

Dengaku **de** *miso*

Ponga en un sartén todos los ingredientes y colóquelo sobre fuego medio; mezcle hasta que el *miso* se disuelva por completo, retire del fuego y reserve.

Berenjenas

Parta las berenjenas por la mitad a lo largo, sin retirarles el tallo. Haga algunos cortes transversales del lado de la piel.

Precaliente el horno a 180 °C.

Ponga sobre el fuego un sartén grande con los aceites y tápelo; cuando estén bien calientes, baje el fuego a media intensidad y añada las berenjenas con la piel hacia abajo. Tape el sartén y fríalas durante 5 minutos; voltéelas, tape nuevamente y continúe la cocción durante 10 minutos más. Escúrrales el exceso de aceite y colóquelas en un refractario.

Unte las berenjenas, por el lado sin piel, con el *dengaku* de *miso* y distribúyales encima el queso rallado. Hornéelas durante 5 minutos. Prenda el *grill* del horno en alta potencia y continúe la cocción de las berenjenas hasta que el queso se derrita y se dore ligeramente. Sirva las berenjenas espolvoreadas con el ajonjolí tostado.

Notas. Sirva estas berenjenas como entrada, botana o guarnición. Puede comerlas solas o acompañarlas con ensalada; esta última opción es un excelente plato fuerte vegetariano. Puede preparar el *dengaku* de *miso* con anticipación y conservarlo en refrigeración por varias semanas.

Este es un plato sencillo pero muy sabroso, con verduras crujientes y un aderezo con sabor a nuez, rico en sabores y texturas. Es mi acompañamiento preferido para el *Rib eye* marinado con *miso* y ají panca (ver pág. 161), aunque también combina a la perfección con cualquier receta de pescado o carne a la parrilla de este libro; por ejemplo, el Churrasco brasileño con sabores nikkei (ver pág. 154). También puede servirlo como guarnición de una parrillada o como parte de un *picnic*.

Las verduras deben ser frescas, y debe cocerlas en una proporción de 10 partes de agua por 1 de verduras; de esta forma asegura que conserven su intenso color verde. Sumergirlas en un tazón con agua y hielos justo después de cocerlas frena su cocción y ayuda a que conserven su textura crujiente.

Este platillo se sirve a temperatura ambiente, por lo que las verduras y el aderezo pueden prepararse con anticipación; solo deberá mezclarlos al momento de servirlos.

BRÓCOLI, CHÍCHAROS DE NIEVE, EJOTES Y ESPÁRRAGOS
CON ADEREZO DE AJONJOLÍ NEGRO

RENDIMIENTO: 4 PORCIONES

Aderezo de ajonjolí negro
40 g de ajonjolí negro tostado
4 cucharaditas de azúcar
2 cucharaditas de *mirin*
4 cucharaditas de salsa
  de soya

Verduras
75 g de floretes de brócoli
75 g de ejotes sin puntas
75 g de puntas de espárrago
75 g de chícharos de nieve
sal al gusto

Aderezo de ajonjolí negro

Muela el ajonjolí y mézclelo con el resto de los ingredientes. Reserve.

Verduras

Ponga sobre el fuego una olla grande con suficiente agua y un poco de sal; cuando hierva, sumerja los floretes de brócoli y cuézalos durante 3 minutos. Escúrralos y enfríelos sumergiéndolos en un tazón con agua y hielos. Deje que el agua hierva nuevamente y repita esta operación con los ejotes y los espárragos, cociéndolos entre 2 y 3 minutos, y los chícharos, cociéndolos durante 1 minuto. Escurra bien todas las verduras y séquelas con papel absorbente.

Corte los ejotes y los chícharos de nieve por la mitad y mézclelos con el resto de las verduras. Añádales el aderezo de ajonjolí y mezcle delicadamente.

Sirva o reserve a temperatura ambiente hasta el momento de servir.

JORDAN SCLARE Y MICHAEL PAUL

Chotto Matte es uno de los restaurantes londinenses más comentados actualmente; es también uno de los restaurantes de cocina nikkei pioneros en el Reino Unido con una excelente ubicación en Soho. Disfruté mucho comer en Chotto Matte y conocer al chef ejecutivo, Jordan Sclare (antes chef de Aqua Kyoto y Nobu), y a su mano derecha, el chef Michael Paul.

Uno de los platillos más memorables que comí ahí es la ensalada El Peruano, receta que Jordan y Michael amablemente me compartieron. Es una ensalada muy refrescante, deliciosa y visualmente impactante.

Para cortar las verduras en láminas delgadas necesitará un *spiraliser*; de esta forma obtendrá tiras largas y anchas de cada verdura. Puede utilizar una mandolina, pero la presentación no será la misma.

ENSALADA DE LÁMINAS DE VERDURAS EL PERUANO

RENDIMIENTO: 4 PORCIONES

Aderezo de ají
7 cucharaditas de pasta de ají amarillo (ver Nota de pág. 87)
3 cucharadas de aceite de canola
4 cucharaditas de jugo *yuzu*
4 cucharaditas de vinagre de vino blanco
1 pizca de sal o al gusto

Salsa de *physalis*
40 g de pulpa de mango
40 g de *physalis* o aguaymanto, picados
1 cucharadita de pasta de ají amarillo
3 cucharadas de jugo de limón

Ensalada
100 g de betabel
80 g de *daikon*
100 g de calabaza *butternut*
100 g de quinoa
40 g de cebolla morada fileteada finamente
30 g de *physalis* o aguaymanto, rebanados finamente
50 g de jitomates *cherry* partidos en cuartos
3 g de hojas de cilantro
40 g de floretes de brócoli cocidos
¼ de taza de granos de elote cocidos

Aderezo de ají
Mezcle en un tazón todos los ingredientes y reserve.

Salsa de *physalis*
Muela en un procesador de alimentos todos los ingredientes hasta obtener una preparación homogénea. Cuélela, introdúzcala en un frasco que tenga tapa, tápela y resérvela en refrigeración.

Ensalada
Pele el betabel, el *daikon* y la calabaza y rebane cada ingrediente, por separado, siguiendo las instrucciones del *spiraliser*. Forme montones de 6 láminas de cada una de las verduras y colóquelas en recipientes separados; distribúyales encima el aderezo de ají y colóqueles encima algún peso. Tape los recipientes y deje reposar las verduras en refrigeración durante 6 horas.

Coloque la quinoa en una coladera de malla fina y enjuáguela con agua corriente, mientras la mezcla con las manos, durante 2 minutos. Escúrrala y retírele el exceso de agua con papel absorbente. Colóquela en un sartén y cúbrala con 2 veces su volumen de agua. Ponga el sartén sobre el fuego y, cuando el agua hierva, baje el fuego a media intensidad y cueza la quinoa durante 10 minutos. Extiéndala en una charola, cúbrala con plástico autoadherente y déjela reposar durante 10 minutos.

Saque las láminas de verdura del aderezo y enróllelas sobre sí mismas. Aderece la quinoa con la leche de tigre del betabel; es decir, los jugos que hayan quedado en el recipiente donde se marinaron las láminas de vegetales.

Distribuya los rollos de verduras en platos, formando torres y acomodándolos verticalmente. Colóqueles encima la quinoa y báñelas con la salsa de *physalis*. Distribuya alrededor de la torre la cebolla morada fileteada, los *physalis* rebanados y los jitomates *cherry*. Bañe todo con más leche de tigre de betabel, decore con las hojas de cilantro y los granos de elote. Sirva.

Notas. Enjuagar la quinoa ayuda a eliminar la saponina, su cobertura natural, ya que le confiere un sabor ligeramente amargo. Generalmente la quinoa empaquetada ya está enjuagada, pero usted puede hacerlo nuevamente para asegurar un buen sabor. Puede sustituir los *physalis* por la misma cantidad de miltomates; si al elaborar la salsa resultara muy ácida, añada algunos jitomates *cherry* para contrarrestar un poco ese sabor. Si tiene máquina para empacar al vacío, empaquete de esta forma las láminas de verduras con el aderezo de ají y déjelas reposar durante 3 horas en lugar de 6.

Los huevos centenarios chinos, o de 100 años, a pesar de lo que se puede pensar por su nombre, son huevos conservados en una mezcla de cáscara de arroz, arcilla y sal, entre otros ingredientes, durante 6 meses aproximadamente. La yema se vuelve entonces cremosa y de color verde oscuro, mientras que la clara se endurece y toma una textura gelatinosa de color ámbar. Muchas personas desconfían consumirlo debido a su extraña apariencia; sin embargo, espero que mi interpretación nikkei de este platillo, con tanto sabor, las aliente a experimentar con este nuevo ingrediente. Este es un platillo denso; por tanto, debe servirse en pequeñas cantidades. Utilícelo como entrada, guarnición o acompañamiento de una sopa china.

HUEVO CENTENARIO SOBRE TOFU SUAVE
CON MOSTAZA CHINA ENCURTIDA ESTILO SICHUAN, AJONJOLÍ Y SHICHIMI

RENDIMIENTO: 6 PORCIONES

2 huevos centenarios
   cortados en cubos de 1 cm
40 g de cebollas de primavera
   o cebollas cambray tiernas
   con hojas, picadas finamente
6 cucharadas de hojas
   de mostaza china encurtida
   estilo Sichuan, picadas
   finamente
2 cucharadas de aceite
   de ajonjolí tostado
½ cucharadita de sal de mar
½ cucharadita de *shichimi*
   + cantidad al gusto
250 g de tofu suave, cortado
   en 4 porciones del mismo
   tamaño
1 cucharadita de ajonjolí
   tostado

Mezcle delicadamente en un tazón todos los ingredientes, excepto las porciones de tofu y el *shichimi*.

Coloque una porción de tofu por plato y distribuya encima la mezcla anterior. O bien, sirva en un platón todas las porciones de tofu ligeramente encimadas y coloque encima de ellas la mezcla de huevo y vegetales formando una línea que atraviese a todas.

Espolvoree *shichimi* al gusto y el ajonjolí tostado y sirva.

Nota. Las hojas de mostaza china encurtida estilo Sichuan se conocen como *zha cai* en chino y como *zasai* en Japón. Este encurtido, así como los huevos centenarios, se venden generalmente en supermercados chinos.

Kyushu es la isla situada más al oeste del archipiélago de Japón, desde donde es originaria mi familia. Debido a que la isla se encuentra alejada de la ruta turística habitual, los turistas que se limitan a visitar la zona entre Tokyo y Kyoto se pierden de vivir una experiencia en esta parte del país. Definitivamente vale la pena visitar Kyushu, no solo por sus increíbles platillos, sino también por las aguas termales naturales llamadas *onsen*. Gracias a ellas se originó en Kyushu un método de cocción llamado *jigoku mushi*, que consiste en utilizar el vapor natural de las aguas termales, así como el agua caliente que mantiene una temperatura constante en los alimentos. Un ejemplo es el *tamago onsen* o huevos *onsen*, los cuales tienen una deliciosa y cremosa yema y un ligero sabor a azufre, responsable de su fama. Ya que huevo y trufa es una combinación clásica, en esta receta empleo salsa *ponzu* trufada para crear mi versión nikkei.

HUEVO DE PATO ONSEN SOBRE TOFU SUAVE CON SALSA PONZU TRUFADA

RENDIMIENTO: 4 PORCIONES

4 huevos de pato
200 g de tofu suave
½ receta de salsa *ponzu* trufada (ver pág. 234)
5 g de *katsuobushi* (hojuelas de bonito)
1 cucharada de cebollín picado
1 cucharadita de ajonjolí tostado
1 pizca de *shichimi*

Si tiene un termocirculador o *runner*, prográmelo a 64 °C y cueza en él los huevos durante 50 minutos. Si no, tendrá que hacerlo con un método manual con ayuda de un termómetro con alarma. Programe ésta a una temperatura mínima de 63 °C y una máxima de 65 °C. Llene un sartén con suficiente agua, colóquele el termómetro y póngalo sobre el fuego; cuando llegue a 65 °C añada los huevos, y mantenga el rango de temperatura durante toda la cocción, 50 minutos, añadiendo un poco de agua fría cuando la temperatura sobrepase el máximo rango.

Saque los huevos del agua y sumérjalos inmediatamente en un tazón con agua fría y hielos. Resérvelos.

Corte el tofu en 4 rectángulos de 1.5 centímetros de ancho por 5 centímetros de largo. Retire un poco del centro de cada uno de ellos con ayuda de una cuchara cafetera para formar una cavidad en la cual pueda descansar el huevo sin caerse.

Si conserva la salsa *ponzu* trufada en refrigeración, sáquela en este momento para atemperarla.

Pele los huevos y retire un poco de la clara alrededor de la yema. Llene un tazón con agua tibia y sumerja en ella los huevos durante algunos minutos para calentarlos.

Coloque los cuadros de tofu en el centro de platos individuales y ligeramente hondos, colóqueles encima los huevos y báñelos con 2 cucharadas de salsa *ponzu* trufada. Distribuya sobre los huevos el *katsuobushi* y espolvoree el resto de los ingredientes. Sirva.

Nota. Los huevos cocidos con el método que aquí se explica, que comúnmente se llama *sous vide*, tienen una textura sedosa y una yema muy cremosa. Sin embargo, si no cuenta con el tiempo suficiente o los utensilios para cocerlos así, póchelos.

Esta es mi apuesta nikkei de la ensalada brasileña número 1: jitomate y palmitos. Como los huevos con tocino, o los *fish and chips* en el Reino Unido, los jitomates y los palmitos en Brasil siempre forman una mancuerna; es posible encontrarlos en el menú de casi cualquier restaurante del país, o en las mesas de muchos hogares. El palmito es un vegetal interesante con un sabor y texturas poco comunes; se asemeja a una cruza entre brotes de bambú, corazones de alcachofa y espárragos. Servido fresco, es una de las comidas más sublimes que recuerdo de mi infancia en Brasil.

Las palmeras de palmito se siembran de manera comercial en Brasil para satisfacer la demanda de la gente local. Normalmente se comercializan en frascos o enlatados; yo recomiendo consumir los que vienen en frascos de vidrio, pues generalmente tienen un mejor sabor.

Para esta ensalada decidí utilizar jitomates de distintos colores para una linda presentación.

ENSALADA DE JITOMATES HEIRLOOM Y PALMITOS
CON SALSA YUZU-PON

RENDIMIENTO: 6 PORCIONES

500 g de jitomates *heirloom*
  de distintos colores, entre
  ellos 1 amarillo, 1 naranja,
  1 verde claro, 1 verde oscuro
  y 8 rojos tamaño *cherry*
½ receta de salsa *yuzu-pon*
  (ver pág. 235)
150 g de corazones
  de palmito en frasco,
  drenados y enjuagados
  con abundante agua fría
½ chalota fileteada finamente
2 cucharadas de hojas
  de cilantro
flor de sal o sal de mar,
  al gusto
pimienta molida, al gusto

Rebane los jitomates en rodajas de 5 milímetros de grosor. Distribúyalas sobre un platón, acomodándolas armónicamente e intercalando colores. Rocíelas con la salsa *yuzu-pon*.

Corte los palmitos en rodajas del mismo grosor y distribúyalas encima de los jitomates, al centro del plato; haga lo mismo con la chalota.

Decore con las hojas de cilantro, espolvoree sal y pimienta al gusto y sirva.

Cocinar los alimentos envueltos, ya sea en papel encerado como en la receta de Rape, mariscos y *yuzu kosho* empapelados (ver pág. 138), o en papel aluminio, como en esta receta, asegura una cocción perfecta sin que se pierda la humedad ni el sabor de los alimentos. Además, con este método puede evitarse la molestia de lavar platos, ya que el papel aluminio puede cumplir con esta función.

Me gusta utilizar una mezcla variada de hongos japoneses para obtener un platillo con una presentación impresionante y muchos sabores. Los hongos *shimeji* y *enoki* son muy bonitos, mientras que los *shiitake* tienen un sabor carnoso y una gran textura. Los hongos ostra son delicados y añaden a la preparación un matiz de sabor especial.

HONGOS JAPONESES EMPAPELADOS

CON MANTEQUILLA YUZU-PON

RENDIMIENTO: 4 PORCIONES

200 g de hongos *shiitake* frescos
200 g de hongos *shimeji*
200 g de hongos ostra
100 g de hongos *enoki*
½ receta de salsa *yuzu-pon* (ver pág. 235)
4 cucharadas de cebollas de primavera o cebollas cambray tiernas con hojas, rebanadas finamente
8 cucharadas de mantequilla
1 cucharadita de ajonjolí tostado
flor de sal o sal de mar, al gusto

Precaliente el horno a 200 °C. Corte 1 metro de papel aluminio en 4 rectángulos.

Limpie los hongos con un trapo humedecido con agua. Retire los tallos de los hongos *shiitake* y deséchelos; si los hongos estuvieran muy grandes córtelos por la mitad. Corte la base fibrosa de los hongos *shimeji* y *enoki*.

Ponga en un tazón los hongos ostra, los *shiitake*, la salsa *yuzu-pon* y la mitad de las cebollas de primavera o cebollas cambray tiernas; mezcle bien.

Distribuya la mezcla anterior sobre los rectángulos de aluminio y encima distribuya los hongos *shimeji* y *enoki*. Añada encima 2 cucharadas de mantequilla y espolvoree sal al gusto. Doble uno de los lados largos de los rectángulos sobre sí mismo y repita lo mismo con el lado opuesto; doble las orillas restantes para sellar los envoltorios.

Coloque los envueltos en una charola para hornear y hornéelos durante 15 minutos. Verifique la cocción de los hongos abriendo con cuidado uno de los paquetes y rectificando que éstos estén suaves; de lo contrario, continúe la cocción por algunos minutos más.

Ponga un envuelto en cada plato y ábralos con cuidado para que no se queme con el vapor; espolvoréeles la cebolla de primavera o cebolla cambray tierna restante, así como el ajonjolí tostado.

Nota. Puede sustituir los hongos de esta receta por los que usted encuentre en su región, siempre y cuando sean carnosos y con mucho sabor, como los clavito, pata de pájaro o morilla. También, puede sustituir la salsa *yuzu-pon* por cualquier otra versión de salsa *ponzu* (ver págs. 234 y 235).

Los tokiotas están vueltos locos por estos pimientos. En Tokyo se consume una variedad de pimiento del este de Asia conocido como *shishito*, muy similares a los pimientos que se consumen en España y que se les conoce como pimientos de Padrón. Es una botana muy popular en muchos *pubs* japoneses o *izakayas*. Esta versión nikkei está condimentada con polvo de *miso* rojo; este condimento de sabor intenso y terroso, repleto de sabores umami, complementa a la perfección el delicioso sabor de los pimientos.

Me gusta comer estos pimientos solos o como guarnición de cualquier platillo de pescado o carne asados o a la parrilla de este libro.

PIMIENTOS DE PADRÓN NIKKEI
CON POLVO DE MISO ROJO

RENDIMIENTO: 4 PORCIONES

1 cucharada de aceite
  de girasol
400 g de pimientos de Padrón
1-2 cucharaditas de polvo
  de *miso* rojo (ver pág. 241)
  + cantidad al gusto
2 cucharadas de ajonjolí
  tostado (opcional)
flor de sal o sal de mar,
  al gusto
4 gajos de limón

Ponga sobre el fuego un sartén amplio con el aceite; cuando humee, fría los pimientos de Padrón, mezclándolos ocasionalmente, durante 3 minutos o hasta que comiencen a salirles ampollas en la piel y estén ligeramente dorados. Déjelos reposar sobre papel absorbente y espolvoréelos con sal.

Mezcle en un tazón pequeño que pueda llevar a la mesa el polvo de *miso* rojo con un poco de sal y el ajonjolí.

Sirva los pimientos en un platón, espolvoréeles un poco de polvo de *miso* rojo, y acompáñelos con la mezcla de polvo de *miso* y los gajos de limón.

POSTRES

Aunque este pastel no es originalmente nikkei, su intenso sabor a chocolate marida a la perfección con uno de los postres japoneses favoritos: el helado de té verde (ver pág. 201). Disfrute este pastel sólo, o con la combinación sugerida, y descubrirá que en ella existe una alquimia espectacular.

PASTEL DE CHOCOLATE SIN HARINA CON CIRUELAS AL ARMAÑAC

RENDIMIENTO: 10-12 PORCIONES

200 g de ciruelas pasas, sin semilla
6 cucharadas de armañac o brandy
300 g de chocolate semiamargo de entre 55 y 70% cacao, troceado
140 g de mantequilla
5 yemas
5 claras
140 g de azúcar glass
300 g de una mezcla de frutas rojas (frambuesas, zarzamoras, fresas, entre otras)
azúcar glass para decorar

Ponga sobre el fuego una olla con las ciruelas pasas y cúbralas con agua; cuando hierva, baje el fuego y deje cocer las ciruelas entre 20 y 30 minutos. Vierta la preparación en un tazón, déjela entibiar y añada 4 cucharadas del armañac o brandy; mezcle bien y deje enfriar. Cubra el tazón con plástico autoadherente y resérvelo en refrigeración, de preferencia durante 1 noche, o el mayor tiempo que le sea posible.

Precaliente el horno a 170 °C. Engrase y enharine, o forre con papel siliconado, un molde para pastel circular de 23 centímetros de diámetro.

Derrita a baño maría el chocolate troceado con la mantequilla. Mezcle ambos ingredientes hasta obtener una salsa tersa y brillante. Retírela del fuego, incorpórele el resto del armañac y déjela enfriar.

Bata en un tazón grande las yemas con el azúcar hasta que la mezcla se blanquee y esponje, y que al levantarla con el batidor, ésta caiga en forma de listón.

Corte las ciruelas pasas por la mitad y añádalas, con su líquido de cocción, a la mezcla de chocolate y mantequilla. Incorpore esta mezcla a las yemas batidas.

Bata en otro tazón las claras a punto de nieve e incorpórelas con movimientos envolventes a la mezcla de chocolate y ciruela.

Vierta la preparación en el molde y hornéela entre 25 y 30 minutos o hasta que el centro del pastel se sienta esponjoso al tacto. Deje enfriar el pastel en el molde; es normal que el pastel se baje durante el enfriado. Cubra el molde con plástico autoadherente y refrigérelo durante varias horas.

Saque el pastel del refrigerador un par de horas antes de servirlo. Rectifique que las frutas estén bien secas y acomódelas en la superficie del pastel de manera armónica. Espolvoree azúcar glass, rebane el pastel, y sirva.

Nota. Puede elaborar este pastel con un par de días de anticipación.

Una de las cosas que extraño de mi estancia en Japón es la abundancia de té verde; se le puede encontrar en todo, desde *lattes* hasta *cheesecakes*, o en postres y chocolate. Así como el helado de vainilla es sumamente popular en Occidente, este delicioso, cremoso y ligeramente amargo helado de té verde es garantía de que cualquier comida japonesa o nikkei cerrará con broche de oro. Ya que la base de muchos helados es una crema inglesa, en esta receta ésta tiene *matcha* en lugar de vainilla. Es maravilloso como acompañante de un buen pastel de chocolate, como el Pastel de chocolate sin harina con ciruelas al armañac (ver pág. 198).

HELADO DE TÉ VERDE

RENDIMIENTO: 1.8 LITROS

750 ml de leche
600 ml de crema para batir
2 cucharadas de *matcha*
2 huevos
3 yemas
300 g de azúcar

Ponga sobre el fuego una olla con la leche y la crema; cuando alcancen 65 °C, retire la olla del fuego. Coloque en un tazón el *matcha* y añádale un cucharón de la mezcla de crema caliente, batiéndola constantemente para deshacer todos los grumos. Añada esta mezcla a la crema caliente e incorpórela bien.

Bata en un tazón los huevos con las yemas y el azúcar durante 3 minutos o hasta que el azúcar se haya disuelto bien y la mezcla se blanquee y esponje.

Incorpore una tercera parte de la mezcla de crema de *matcha* a los huevos batidos, mezclando constantemente para evitar que los huevos se cuezan. Vierta esta mezcla en el resto de la crema de *matcha*. Cueza la preparación a fuego medio, sin dejarla de mezclar, durante 5 minutos. Deberá obtener una preparación espesa que cubra el dorso de una cuchara o pala de madera. Evite sobrecocer la crema porque pueden formarse grumos.

Transfiera la preparación a un tazón y colóquelo sobre un recipiente más grande que el primero con agua y hielos. Mezcle ocasionalmente hasta que se enfríe por completo. Cubra el tazón con plástico autoadherente y refrigérelo durante 1 noche, o el mayor tiempo que le sea posible.

Vierta la preparación en una máquina para helados y siga las instrucciones de la máquina. Colóquelo en un recipiente con tapa y congélelo hasta el momento de servirlo.

Nota. Si no tiene una máquina para hacer helados, congele la preparación durante 2 horas, sáquela y muélala en un procesador de alimentos. Congélela de nuevo durante 2 horas y repita la operación tres veces más.

Fresas con crema, ron con pasas, son combinaciones clásicas que aseguran un postre exitoso, de la misma forma que las galletas Oreo® y el té verde. El delicado sabor amargo del polvo de té verde y la ligera acidez de la crema hacen que este *cheesecake* estilo New York conserve su clásica consistencia cremosa, pero sin ser demasiado dulce ni pesado. Sírvalo como un bocado dulce para acompañar el té o café, o como postre de una comida o cena.

CHEESECAKE DE OREO® Y TÉ VERDE

RENDIMIENTO: 12 PORCIONES

Costra de galletas Oreo®
400 g de galletas Oreo® sin relleno
¼ de taza de azúcar glass
½ taza de mantequilla derretida
cantidad suficiente de mantequilla y harina de trigo para el molde (opcional)

Cheesecake de *matcha*
700 g de queso crema a temperatura ambiente
300 g de azúcar glass
4 cucharadas de *matcha*
240 ml de huevos
240 ml de crema ácida a temperatura ambiente

Ganache de *matcha* y chocolate blanco
200 ml de crema para batir
150 g de chocolate blanco troceado
50 g de azúcar
2 cucharaditas de *matcha*

Decoración
matcha, al gusto
frambuesas al gusto

Precaliente el horno a 180 °C.

Costra de galletas Oreo®

Muela finamente las galletas en un procesador de alimentos. Transfiéralas a un tazón y mézclelas con el azúcar y la mantequilla hasta obtener una especie de pasta. Engrase y enharine un molde desmontable para pastel circular de 23 cm de diámetro desmontable, o fórrelo con papel siliconado. Coloque la preparación de galleta en la base y las paredes del molde, presionándolo bien con el dorso de una cuchara para obtener una superficie uniforme. Reserve el molde con la costra en refrigeración.

Cheesecake de *matcha*

Acreme con una batidora eléctrica el queso crema; combine el azúcar glass con el *matcha* y añádalos a la batidora. Continúe batiendo hasta obtener una mezcla uniforme. Agregue poco a poco el huevo, batiendo constantemente y raspando ocasionalmente las paredes del tazón. Añada finalmente la crema y bata hasta incorporarla.

Vierta la mezcla de *cheesecake* en el molde con la costra de chocolate y hornéelo durante 10 minutos. Abra la puerta del horno durante 30 segundos y baje la temperatura del horno a 120 °C. Continúe el horneado del *cheesecake* durante 1 hora o hasta que esté esponjoso y firme, pero no dorado.

Coloque el *cheesecake* sobre una rejilla, pase un cuchillo por toda la orilla entre éste y el molde para despegarlo, y retire el aro del molde. Déjelo enfriar por completo y refrigérelo entre 6 y 8 horas como mínimo, o máximo hasta 2 días.

Ganache de *matcha* y chocolate blanco

Comience a elaborar la *ganache* un par de horas antes de servir el *cheesecake*. Ponga sobre fuego medio una olla con la crema para batir; cuando esté caliente, añada el chocolate troceado y mezcle hasta que se derrita y se incorpore. Mezcle el azúcar con el *matcha*; añádalos poco a poco, y batiendo constantemente, a la crema de chocolate blanco. Deberá obtener una preparación homogénea y tersa.

Vierta la *ganache* de *mactha* sobre el *cheesecake*, extiéndala bien con una espátula y refrigere el *cheesecake* durante 2 horas más.

Sirva el *cheesecake* espolvoreándolo con un poco de *matcha*, córtelo en rebanadas y sírvalas decoradas con frambuesas.

Nota. Para obtener éxito en este postre, siga las siguientes recomendaciones: todos los ingredientes deben estar a temperatura ambiente y debe batirlos hasta que estén muy suaves; respete la temperatura y tiempos de horneado para evitar la aparición de grietas en el *cheesecake* o que la costra resulte aguada, y retire el aro del molde lo más pronto que le sea posible después de sacarlo del horno para evitar grietas.

Madalenas de *matcha* y Helado de frijol rojo (recetas en las páginas siguientes)

El sabor a té verde es uno de los más populares en Japón, y de cerca le sigue el de frijol rojo. El *matcha* o polvo de té verde aporta a las madalenas un bello y sutil color verde. El acompañante perfecto es un Helado de frijol rojo (ver pág. 207).

MADALENAS DE MATCHA (fotografía en las páginas anteriores)

RENDIMIENTO: 24 MADALENAS

125 g de mantequilla
  derretida, tibia + cantidad
  suficiente para engrasar
125 g de harina de trigo
  + cantidad suficiente
  para enharinar
4 huevos
125 g de azúcar glass
1 cucharada de miel de abeja
1 cucharadita de polvo para
  hornear
1 cucharada de *matcha*
1 pizca de sal
azúcar glass mezclada con
  matcha, al gusto

Engrase con suficiente mantequilla derretida 2 moldes para 12 madalenas cada uno y refrigérelos hasta que la mantequilla se endurezca; engráselos nuevamente, espolvoréelos con harina y sacúdales el exceso. Reserve los moldes en refrigeración.

Bata en un tazón con una batidora eléctrica los huevos con el azúcar glass y la miel de abeja entre 5 y 10 minutos o hasta que la preparación tenga punto de listón.

Cierna sobre un tazón la harina de trigo con el polvo para hornear, el *matcha* y la sal. Cierna una vez más para asegurar que los ingredientes estén bien mezclados.

Incorpore a la mezcla de huevo, con movimientos envolventes, la mitad de la mantequilla derretida y la mitad de la mezcla de harina. Cuando obtenga una preparación homogénea, incorpore de la misma manera el resto de la mantequilla y de la mezcla de harina. Cubra el tazón con plástico autoadherente y refrigérelo durante 45 minutos.

Precaliente el horno a 200 °C.

Distribuya la preparación en los moldes para madalenas, con ayuda de una cuchara, hasta llenar cada cavidad a dos terceras partes de su capacidad; en cada adición, sumerja la cuchara en agua caliente para retirar el exceso de mezcla.

Hornee las madalenas entre 6 y 8 minutos o hasta que estén ligeramente doradas. Desmóldelas y déjelas enfriar sobre una rejilla.

Sirva las madalenas espolvoreadas con la mezcla de azúcar glass y té verde en polvo.

Los postres japoneses nos son muy dulces, y generalmente se elaboran a base de verduras o frutas, lo cual resulta extraño para los paladares occidentales. Me gusta agregar a mis postres japoneses un toque francés; este helado es un favorito de la casa y un reto para aquellos que ni siquiera se atreven a pensar en comer un helado de frijol.

El helado debe ser cremoso, con un ligero sabor a nuez y un bello y ligero color rosa. Si lo sirve solo, compleméntelo con un poco de pasta dulce de frijol rojo. Un acompañante perfecto para este postre son las Madalenas de matcha (ver pág. 206). Tanto la pasta de frijol como el helado se pueden elaborar hasta con 2 días de anticipación.

HELADO DE FRIJOL ROJO (fotografía en las páginas anteriores)

RENDIMIENTO: 1.7 LITROS

Pasta dulce de frijol rojo
250 g de frijoles *azuki*
   o frijoles rojos
250 g de azúcar
1 pizca de sal

Helado
600 ml de leche
600 ml de crema para batir
2 huevos
4 yemas
120 g de azúcar glass
250 de pasta dulce
   de frijol rojo

Pasta dulce de frijol rojo

Para preparar la pasta dulce de frijol, deje remojar los frijoles en un tazón con agua fría durante 1 noche.

Escurra los frijoles y enjuáguelos con agua. Colóquelos en una olla de presión y cúbralos con agua, en una proporción de 5 veces su volumen. Cuézalos durante 25 minutos, contando el tiempo a partir de que comience a escapar el vapor de la olla.

Retire la válvula de la olla, enfríela bajo el chorro de agua y ábrala. Escurra los frijoles y enjuáguelos con agua fría. Colóquelos en un sartén sobre el fuego y cúbralos con agua; cuando hierva, añada el azúcar y mezcle bien. Reduzca la intensidad del fuego, tape el sartén y deje cocer los frijoles entre 30 y 45 minutos, moviéndolos ocasionalmente, hasta que algunos de ellos comiencen a deshacerse. La consistencia que se desea es una pasta espesa con algunos frijoles enteros. Añada la sal y mezcle bien.

Helado

Ponga una olla sobre el fuego con la leche y la crema para batir; caliéntelas hasta que alcancen los 65 °C.

Bata los huevos con las yemas y el azúcar glass hasta que la mezcla se blanquee y esponje. Incorpórele una tercera parte de la crema caliente, sin dejar de mezclar para evitar que los huevos se cuezan. Vierta esta mezcla en el resto de la crema y cueza la preparación a fuego medio, mezclándola constantemente durante 5 minutos o hasta que la preparación cubra el dorso de una cuchara. Evite sobrecocer la crema; de lo contrario, podrían formarse grumos.

Transfiera la preparación a un tazón y colóquelo sobre un recipiente más grande que el primero con agua y hielos. Mezcle ocasionalmente hasta que se enfríe por completo. Cubra el tazón con plástico autoadherente y refrigérelo durante 1 noche, o el mayor tiempo que le sea posible.

Vierta la preparación en una máquina para helados y siga las instrucciones de la máquina. Colóquelo en un recipiente con tapa y congélelo. (Ver Nota pág. 201.)

Saque el helado del congelador 10 minutos antes de servirlo.

Notas. Si no cuenta con olla exprés, cueza los frijoles en una olla normal durante 2 horas. Si no consigue los frijoles rojos, o no dispone de mucho tiempo, la pasta dulce de frijol se vende en tiendas de productos japoneses con el nombre de *tsubushi-an*.

El *posset* es un postre inglés de origen medieval, cuyo principal ingrediente era crema cuajada con cerveza que posteriormente se endulzaba. Actualmente, la crema se cuaja con jugo de limón. Para esta versión nikkei utilizo jugo de *yuzu* y la acompaño con frambuesas y menta.

Es preferible elaborar el postre con uno o dos días de anticipación, ya que la crema debe reposar en refrigeración durante algunas horas. A pesar de que el postre únicamente consiste en una crema agridulce ligera y refrescante, es ideal para terminar una comida de forma elegante.

El *yuzu* es un cítrico japonés (*Citrus junos*) muy aromático, con notas a mandarina, toronja y limón; por tanto, puede sustituirlo por una mezcla de estos tres cítricos. Es una fruta de temporada corta en el otoño. Cuando estuve en Tokyo hace algunos años tuve la fortuna de probarla. Quedé impactado con su sabor y aroma, y me encanta haber creado un postre que ayuda a resaltar sus propiedades.

POSSET DE YUZU CON FRAMBUESAS, MENTA Y YUZU CARAMELIZADO

RENDIMIENTO: 8 PORCIONES

Cáscara de *yuzu* caramelizada
200 g de de cáscara de *yuzu*
  (frescas o congeladas)
200 ml de agua
200 g de azúcar

Posset
150 g de frambuesas picadas
12 hojas de menta picadas
  finamente
600 ml de crema para batir
170 g de azúcar glass
¼ de taza de jugo de *yuzu*
¼ de taza de jugo de limón

Si utiliza cáscara de *yuzu* congelada, descongélela antes de comenzar. Córtela en tiras delgadas.

Ponga sobre el fuego una olla con el agua y el azúcar y hiérvalas hasta que obtenga un jarabe espeso. Añada las tiras de cáscara de *yuzu* y cuézalas hasta que estén muy suaves y pálidas. Retire la olla y deje enfriar la preparación. Conserve las tiras de cáscara de *yuzu* en el jarabe en un recipiente con tapa para irlas drenando conforme las vaya utilizando; o bien, escúrralas, séquelas con papel absorbente, cúbralas con azúcar glass y sacúdales el exceso, agitándolas en un colador.

Posset

Mezcle las frambuesas con la menta y distribúyalas en vasos o copas para postre.

Ponga sobre el fuego una olla grande con la crema y el azúcar glass. Mezcle constantemente hasta que la preparación hierva, cuidando que no se derrame.

Baje el fuego y continúe la cocción mezclando constantemente durante 3 minutos. Retire la olla del fuego e incorpore el jugo de *yuzu* y de limón. Notará que la preparación se cortará en un inicio, pero conforme mezcle, comenzará a homogeneizarse y espesarse.

Distribuya la preparación en los vasos o copas sobre la fruta. Golpéelos ligeramente por la base para deshacer las burbujas de aire que hayan quedado y refrigérelos durante 2 horas.

Decore los *posset* con las tiras de cáscara de *yuzu* y sírvalos.

Nota. Si no encuentra cáscaras de *yuzu*, utilice cáscaras de naranja. Para caramelizarlas, retíreles con un pelador la parte blanca que recubre el interior de ellas y córtelas en tiras delgadas. Hiérvalas en una olla con agua hasta que estén muy suaves. Escúrralas, y posteriormente, caramelícelas y consérvelas como se indica en la receta.

Aunque en números menores, aún continúa la migración japonesa hacia Sudamérica. Conocí al chef Shin Koike en su restaurante de São Paulo, Sakagura A1, donde me contó que él llegó a Brasil hace apenas 20 años. "Brasil es mi hogar adoptivo; interioricé su cultura, a su gente y a su comida plenamente", me dijo. Sus hijos nacieron ahí, y como sus padres, están completamente integrados a la cultura brasileña. "No regresaré nunca a Japón", concluyó.

Compartimos una excelente comida nikkei en su restaurante, la cual selló con broche de oro con un helado de rapadura con cachaza y gelatina de café. Con esta receta, Koike rinde homenaje a dos de los sabores más populares en Brasil: rapadura y cachaza. La rapadura es un tipo de azúcar de caña sin refinar brasileña que se vende en bloque, similar al piloncillo. Este ingrediente es la base perfecta de este postre nikkei, combinado con cachaza, el aguardiente nacional de Brasil, que se disfruta a nivel local e internacional en caipiriñas.

HELADO DE RAPADURA CON CACHAZA Y GELATINA DE CAFÉ

RENDIMIENTO: 15 PORCIONES

Helado de rapadura
1 l de helado de vainilla
80 g de rapadura rallada
 o de piloncillo
3 cucharadas de cachaza

Gelatina de café
5 g de grenetina en polvo
3 cucharadas de agua
225 ml de café americano,
 concentrado
1 cucharada de licor
 de café

Helado de rapadura

Deje reposar el helado de vainilla a temperatura ambiente durante 20 minutos o hasta que esté un poco suave. Incorpórele la ralladura de rapadura o de piloncillo, así como la cachaza. Congélelo.

Gelatina de café

Mezcle la grenetina en el agua y déjela reposar durante 5 minutos. Introdúzcala en el microondas durante 30 segundos.

Mezcle el café americano con el licor de café y la grenetina, y vierta esta preparación en un recipiente con tapa de 2 × 12 centímetros. Refrigérela durante 2 horas o hasta que cuaje. Corte la gelatina en cubos de 1.5 centímetros.

Saque el helado de rapadura del congelador 10 minutos antes de servirlo. Sírvalo en platos para postre, acompañado con los cubos de gelatina de café.

Uno de los postres favoritos en Brasil es la calabaza con helado. Se le conoce como *doce de abóbora com coco*, y en ocasiones se perfuma con canela y clavo. Mi versión nace de mis recuerdos de infancia, pero con algunas modificaciones inspiradas en mi experiencia en Asia. La calabaza japonesa *kabocha* es dulce por naturaleza, por lo que va muy bien con esta receta. Cuando la calabaza está cocida, su cáscara se vuelve muy suave y se puede comer. Cortada en rebanada esta calabaza se puede servir espolvoreada con coco rallado, o para aquellos que disfrutan de saborees más dulces, bañada con un poco de leche condensada.

CALABAZA KABOCHA AL VAPOR
RELLENA DE CREMA DE COCO

RENDIMIENTO: 6 PORCIONES

1 calabaza *kabocha*
  de 1.5 kg
200 g de yemas
  a temperatura ambiente
200 g de azúcar glass
200 g de crema de coco
1 pizca de sal
100 g de coco fresco, rallado
200 ml de leche condensada
  (opcional)

Haga un orificio al centro de la parte superior de la calabaza y extraiga con una cuchara las semillas y las hebras.

Ponga sobre el fuego una vaporera. Coloque dentro la calabaza con el orificio hacia abajo, tape la vaporera y deje que se cueza durante 10 minutos o hasta que esté parcialmente cocida. Retire la cacerola del fuego, voltee la calabaza y resérvela.

Bata en un tazón las yemas con el azúcar glass, la crema de coco y la sal hasta que el azúcar se disuelva. Cuele la mezcla sobre un sartén y colóquelo sobre el fuego; sin dejar de mezclar, deje que se cueza la crema inglesa de coco hasta que comience a desprender vapor. Retire la crema del fuego y viértala dentro de la calabaza; regrese ésta a la vaporera, tápela y deje que se cueza entre 10 y 15 minutos.

Verifique que la crema inglesa haya cuajado, insertando en el centro de la calabaza una brocheta de madera larga, la cual deberá salir limpia; o bien, inserte un termómetro de cocina y verifique que la temperatura sea superior a 85 °C. En caso contrario, prolongue la cocción entre 5 y 10 minutos más.

Saque con cuidado la calabaza de la olla, déjela enfriar en un platón y refrigérala durante 1 noche o 1 hora como mínimo. Córtela en rebanadas de 2.5 centímetros de grosor y sírvalas espolvoreadas con el coco rallado, y si lo desea, con la leche condensada. De esta calabaza se come todo, ¡incluso la cáscara!

Notas. Normalmente 1 calabaza de 1.5 kg puede albergar en su interior hasta 600 mililitros de líquido; que es la cantidad de crema inglesa de coco que rinde esta receta. Para saber cuánta crema inglesa necesitará para su calabaza, después de vaciarla, llénela con agua y, después, vierta esta agua en una jarra medidora para saber el volumen de líquido que le cupo. Ajuste la receta de la crema inglesa, aumentando o disminuyendo proporcionalmente las cantidades de yemas, azúcar glass y crema de coco. Si no encuentra la calabaza *kabocha*, sustitúyala con calabaza de Castilla, aunque no podrá comer la cáscara.

De arriba hacia abajo
Helado de *cupuacu* y chocolate blanco (izquierda)
Helado de guanábana y canela (derecha)
Helado de lúcuma y dulce de leche (izquierda)
Sorbete de cajú y coñac (izquierda)
Sorbete de *acaí* y miel de abeja floral (derecha abajo)

Cuando dejé Brasil en 1992, sabía muy poco sobre las frutas del Amazonas que poco tiempo después se volverían la sensación en las grandes ciudades del sur. Son deliciosas, y en muchos casos, la pulpa se puede conservar en congelación para poder disfrutar de ellas todo el año.

El *cupuaçu* es un pariente del cacao; es una fruta de pulpa blanca con una consistencia cremosa y un sabor muy similar al del chocolate, pero con una acidez refrescante. La lúcuma es una de las frutas peruanas más interesantes; su color es naranja brillante, su sabor es similar a la calabaza y el jarabe de maple, y pertenece a la misma familia que el mamey, fruta con la que se puede sustituir. El *açai* es la fruta de exportación mejor conocida de Brasil; esta pequeña baya nativa del Amazonas es rica en antioxidantes y es un excelente remedio para contrarrestar los efectos de una resaca. Su sabor es complejo, pues presenta notas a vino tinto, chocolate y aceite de oliva. El cajú es el llamado seudofruto de donde se origina la nuez de la India; es poco conocido a nivel internacional, pero en Brasil el jugo de cajú es muy popular. Otra fruta muy conocida en Brasil es la guanábana; su textura es cremosa y su sabor es similar a la combinación de plátano, piña y fresa, lo cual la hace perfecta para un cremoso sorbete con canela.

HELADOS DE FRUTAS BRASILEÑAS Y PERUANAS
(fotografía en las páginas anteriores)

RENDIMIENTO: 12 PORCIONES

600 ml de leche
600 ml de crema para batir
1 huevo
5 yemas
200 g de azúcar glass
400 g de chocolate blanco
  derretido
400 g de pulpa de *cupuaçu*

HELADO DE *CUPUAÇU* Y CHOCOLATE BLANCO

Helado

Ponga una olla sobre el fuego con la leche y la crema para batir; caliéntelas hasta que alcancen los 65 °C.

Bata los huevos con las yemas y el azúcar glass hasta que la mezcla se blanquee y esponje. Incorpórele una tercera parte de la crema caliente, sin dejar de mezclar para evitar que los huevos se cuezan. Vierta esta mezcla en el resto de la crema y cueza la preparación a fuego medio, mezclándola constantemente durante 5 minutos o hasta que la preparación cubra el dorso de una cuchara. Evite sobrecocer la crema; de lo contrario, podrían formarse grumos.

Transfiera la crema inglesa a un tazón y añádale, mientras siga caliente, el chocolate blanco; mezcle bien.

Transfiera la preparación a un tazón y colóquelo sobre un recipiente más grande que el primero con agua y hielos. Mezcle ocasionalmente hasta que se enfríe por completo. Incorpórele la pulpa de *cupuaçu*. Cubra el tazón con plástico autoadherente y refrigérelo durante 1 noche, o el mayor tiempo que le sea posible.

Vierta la preparación en una máquina para helados y siga las instrucciones de la máquina. Colóquelo en un recipiente con tapa y congélelo (ver Nota pág. 201).

Saque el helado del congelador 10 minutos antes de servirlo.

600 ml de leche
600 ml de crema para batir
1 huevo
5 yemas
150 g de azúcar glass
500 de pulpa de lúcuma
  o de mamey
300 g de dulce de leche

HELADO DE LÚCUMA Y DULCE DE LECHE

Siga el procedimiento para elaborar el Helado de *cupuaçu* y chocolate blanco, sustituyendo la pulpa de *cupuaçu* por la pulpa de lúcuma o mamey y el dulce de leche.

Notas. Puede obtener dulce de leche a partir de 1 lata de leche condensada. Para ello, retire la etiqueta de la lata y colóquela en un cazo. Colóquelo sobre el fuego, llénelo con agua hasta que cubra casi toda la lata, y deje que hierva entre 2 y 3 horas, añadiendo agua caliente conforme se vaya evaporando. El tiempo de cocción dependerá de qué tan espeso desee el dulce de leche; un mayor tiempo de cocción resultará en un dulce de leche más espeso. Deje enfriar la lata por completo antes de abrirla. Vierta el dulce de leche en un tazón y rectifique la consistencia; si desea aligerarlo, añádale un poco de leche. También puede realizar este procedimiento en una olla exprés, reduciendo el tiempo de cocción a 30 minutos.

600 ml de leche
600 ml de crema para batir
1 huevo
5 yemas
250 g de azúcar glass
500 g de pulpa de guanábana
  sin semillas
2 cucharaditas de canela
  molida

HELADO DE GUANÁBANA Y CANELA

Siga el procedimiento para elaborar el Helado de *cupuaçu* y chocolate blanco, sustituyendo la pulpa de *cupuaçu* por la pulpa de guanábana y la canela molida.

200 ml de agua
200 g de azúcar
400 g de pulpa de cajú
2 cucharadas de jugo de limón
3 cucharadas de coñac

SORBETE DE CAJÚ Y COÑAC

Ponga sobre el fuego una olla con el agua y el azúcar y deje hervir la preparación hasta que el azúcar se haya disuelto por completo y obtenga un jarabe ligero. Déjelo enfriar.

Incorpore al jarabe la pulpa de cajú, el jugo de limón y el coñac. Congele la preparación hasta que esté bien fría. Viértala en una máquina para helados y siga las instrucciones del fabricante para turbinar el sorbete. Colóquelo en un recipiente con tapa y congélelo hasta el momento de servirlo (ver Nota pág. 201).

400 g de pulpa de *açai*
75 g de miel de abeja floral
6 cucharadas de azúcar
el jugo de ½ limón

SORBETE DE *AÇAI* Y MIEL DE ABEJA FLORAL

Mezcle bien todos los ingrediente en un tazón grande. Congele la preparación hasta que esté bien fría. Viértala en una máquina para helados y siga las instrucciones del fabricante para turbinar el sorbete. Colóquelo en un recipiente con tapa y congélelo hasta el momento de servirlo (ver Nota pág. 201).

¡Plátano y crema de cacao y avellanas: una combinación nacida en el cielo! Generalmente las *gyozas* son una botana o entrada salada, pero mi versión nikkei de *gyozas* dulces está inspirada en las crepas de París, donde esta combinación es un clásico muy gustado. Me gusta servirlas acompañadas de una bola de Helado de ajonjolí y caramelo (ver pág. 221).

GYOZAS DE PLÁTANO Y CREMA DE CACAO Y AVELLANAS
CON POLVO DULCE DE SOYA TOSTADO

RENDIMIENTO: 4 PORCIONES

Polvo dulce
25 g de azúcar glass
50 g de *kinako* (polvo de soya tostado)

Gyozas
12 círculos de pasta para *gyozas* (frescos o congelados)
2 plátanos maduros
6 cucharaditas de crema de cacao y avellana
2 cucharadas de aceite de oliva
3 cucharadas de agua

Montaje
1 plátano cortado en 12 rodajas
1 cucharadita de azúcar glass

Polvo dulce

Mezcle ambos ingredientes y reserve.

Gyozas

Si utilizará *gyozas* congeladas, descongélelas, sin sacarlas de su empaque, 30 minutos antes de utilizarlas.

Corte los plátanos por la mitad a lo largo y luego corte cada mitad en medias lunas de 1 centímetro de grosor.

Coloque uno de los círculos de masa sobre una mesa de trabajo; moje uno de sus dedos con agua fría y humedezca todo el borde del círculo; añádale al centro 1 cucharadita de crema de cacao y avellana y 2 medias lunas de plátano. Doble el círculo por la mitad sobre sí mismo y selle las orillas; asegúrese de que la *gyoza* esté bien sellada por todas partes. Repita este paso con el resto de los círculos de masa, la crema de cacao y avellana y las medias lunas de plátano.

Ponga sobre el fuego un sartén con el aceite de oliva; cuando esté bien caliente, añada las *gyozas*, sin encimarlas, y déjelas dorarse durante 2 minutos. Deles la vuelta y añada al sartén el agua; tápelo y continúe la cocción durante 4 minutos más.

Retire la tapa del sartén; si aún queda agua, deje que se evapore y retire las *gyozas* del fuego. Colóquelas en un plato y déjelas reposar durante 2 minutos para que el relleno se entibie un poco.

Montaje

Coloque 3 rodajas de plátano por plato, espolvoréelas con el azúcar glass y dórelas con un soplete de cocina o en el *grill* del horno hasta que el azúcar se caramelice.

Coloque las *gyozas* a un lado de los plátanos caramelizados y espolvoréelas con el polvo dulce. Sírvalas.

Nota. Si no va a consumir las *gyozas* inmediatamente, después de cerrarlas colóquelas en una charola cubierta con papel siliconado y congélelas. Después, introdúzcalas en una bolsa de plástico resellable y consérvelas en congelación. No es necesario descongelarlas antes de cocerlas.

El crujiente de ajonjolí en esta receta aporta un intenso sabor a caramelo y a nueces tostadas. Es ideal para acompañar las *Gyozas* de plátano y crema de cacao y avellanas (ver pág. 218).

HELADO DE AJONJOLÍ Y CARAMELO

RENDIMIENTO: 2.5 LITROS

Crujiente de ajonjolí
120 g de ajonjolí tostado,
  blanco o negro
300 g de azúcar

Helado de ajonjolí
750 ml de leche
600 ml de crema para batir
2 huevos
4 yemas
160 g de azúcar glass

Crujiente de ajonjolí

Ponga sobre fuego medio un sartén antiadherente con el ajonjolí; muévalo ocasionalmente hasta que tenga un color dorado uniforme, pero sin que se queme. Retírelo del fuego y déjelo enfriar.

Cubra una charola para hornear con un tapete de silicón. Lave un sartén antiadherente con agua caliente para eliminar todo rastro de grasa que pueda tener. Séquelo y póngalo sobre el fuego con el azúcar; cuando se derrita, añada el ajonjolí y mézclelo bien. Deje que el caramelo se dore ligeramente y vierta la preparación sobre la charola con el tapete de silicón. Reserve.

Helado de ajonjolí

Ponga una olla sobre el fuego con la leche y la crema para batir; caliéntelas hasta que alcancen los 65 °C.

Bata los huevos con las yemas y el azúcar glass hasta que la mezcla se blanquee y esponje. Incorpórele una tercera parte de la crema caliente, sin dejar de mezclar para evitar que los huevos se cuezan. Vierta esta mezcla en el resto de la crema y cueza la preparación a fuego medio, mezclándola constantemente durante 5 minutos o hasta que la preparación cubra el dorso de una cuchara. Evite sobrecocer la crema; de lo contrario, podrían formarse grumos.

Transfiera la preparación a un tazón y colóquelo sobre un recipiente más grande que el primero con agua y hielos.

Trocee con las manos el crujiente de ajonjolí, colóquelos en un mortero o molcajete y presiónelos hasta obtener trozos muy pequeños. Incorpórelos a la mezcla de helado, cubra el tazón con plástico autoadherente y refrigérelo durante 1 noche, o el mayor tiempo que le sea posible.

Vierta la preparación en una máquina para helados y siga las instrucciones de la máquina. Colóquelo en un recipiente con tapa y congélelo (ver Nota pág. 201).

Saque el helado del congelador 10 minutos antes de servirlo.

RECETAS
BÁSICAS
SALSAS, MARINADAS
Y CONDIMENTOS

El arroz es el corazón de las cocinas nikkei y japonesa. El que se utiliza es el de grano corto, muy diferente en apariencia y en sabor a otras variedades, como el jazmín, *basmati* o de grano largo consumido en América. Cocer arroz de la manera correcta es el primer paso a superar para cocinar cualquier platillo japonés o nikkei a base de arroz. Por tanto, vale la pena tomarse el tiempo para convertirse en un experto de esta receta.

Medir la cantidad correcta de agua es muy importante; el volumen de agua debe ser igual al volumen de arroz; aunque si prefiere que su arroz sea un poco más suave, puede aumentar la cantidad de agua en un 10%. Yo prefiero medir el agua y el arroz por volumen y no por peso. Para lograrlo de manera satisfactoria, recomiendo medir ambos ingredientes con la misma taza.

ARROZ AL VAPOR

RENDIMIENTO: 4 PORCIONES

300 g o 1⅓ tazas de arroz
   blanco de grano corto
370 ml o 1⅔ tazas de agua

[1-4] Coloque el arroz en un tazón y cúbralo con agua fría; mézclelo con su mano haciendo movimientos circulares. Escurra el agua y repita la operación 3 o 4 veces más, hasta que el agua que escurra sea traslúcida.

[5-6] Deje escurrir el arroz en una coladera durante 15 minutos. Transfiéralo de nuevo al tazón y añádale los 370 mililitros de agua; déjelo reposar durante 30 minutos o hasta 4 horas. Entre mayor sea el tiempo de reposo, el arroz resultará más húmedo y pegajoso.

Para cocer el arroz elija alguno de los siguientes métodos:

Cocción en arrocera eléctrica. Coloque el arroz con su agua en el tazón de la arrocera; cierre la tapa y encienda. El tiempo de cocción será de entre 15 y 20 minutos. Transcurrido este tiempo, deje que el arroz repose en la arrocera, sin abrirla, durante 15 minutos.

Cocción en sartén. Coloque el arroz con su agua de remojo en un sartén con tapa, de preferencia de vidrio y con un pequeño orificio por el que pueda salir el vapor. Ponga el sartén sobre el fuego y tápelo. Cuando hierva el agua, baje la intensidad del fuego al mínimo y deje cocer el arroz entre 12 y 15 minutos o hasta que haya absorbido toda el agua; el tiempo dependerá de la calidad del arroz, del sartén utilizado y de la potencia de la estufa. Retire el sartén del fuego y deje reposar el arroz tapado durante 15 minutos.

Raspe delicadamente el arroz con una pala para esponjarlo. Sírvalo o utilícelo para otras preparaciones.

Nota. Puede preparar el arroz con anticipación y mantenerlo caliente en la arrocera o recalentarlo en el microondas; sin embargo, la consistencia no será la misma que cuando es recién hecho.

El arroz es el elemento más importante del sushi. Su calidad, preparación y cocción son elementos decisivos para lograr un sushi exitoso. Este arroz debe ser enfriado y sazonado en un recipiente de madera sin barniz especial: el barril de sushi tradicional llamado *hangiri* o *handai*; puede sustituirlo con una tabla de madera para picar grande. El arroz para sushi nunca debe colocarse en recipientes de vidrio, acero inoxidable o cerámica; pues estos materiales pueden arruinar su textura al hacerlo más húmedo y pegajoso.

El arroz cocido para sushi debe conservarse en un lugar seco y a temperatura ambiente, hasta el momento de servirlo, y debe consumirse el mismo día que se prepare. Puede almacenarse hasta por 8 horas, gracias al efecto conservante del vinagre, cubierto con una manta de cielo humedecida para evitar que se seque. Si lo guarda en el refrigerador los granos se endurecerán y su consumo será poco agradable. Si no utiliza todo el arroz, puede conservarlo en congelación, pero su textura no será la misma que recién hecho.

ARROZ PARA SUSHI

RENDIMIENTO: 600 G

300 g o 1⅓ tazas de arroz blanco de grano corto
370 ml o 1⅔ tazas de agua
4-6 cucharadas de sazonador para arroz de sushi

Para preparar esta receta necesitará: 1 barril para sushi, 1 recipiente de madera sin barniz o 1 tabla grande de madera para picar, 1 pala de madera para sushi (*shamoji*) o de plástico y 1 abanico.

Cocine el arroz al vapor siguiendo las instrucciones de la página 225.

Humedezca con agua el interior del barril para sushi o la tabla de madera, así como la espátula.

[1] Transfiera el arroz al vapor al barril para sushi o a la tabla de madera y rocíelo poco a poco con el sazonador para arroz de sushi. [2-6] Enfríe el arroz abanicándolo, al mismo tiempo que lo mezcla de forma envolvente y deshace los trozos grandes de arroz. Para deshacer éstos, páseles la pala por en medio con un movimiento firme y recto, como si los estuviera cortando con un cuchillo; de esta forma evitará aplastar los granos. Este proceso, que debe hacer ágilmente, tarda 5 minutos aproximadamente.

Notas. Para preparar el sazonador para arroz de sushi, coloque en un sartén 100 mililitros de vinagre de arroz con 50 g de azúcar, ½ cucharadita de sal y ½ cucharadita de *dashi* en polvo. Caliéntelos a fuego medio, mezclándolos hasta que el azúcar se disuelva por completo. Déjelo enfriar a temperatura ambiente. Para enfriar el arroz hay quienes sustituyen el abanico por ventiladores o secadoras de cabello.

TEMPURA

Tempura son los alimentos rebozados con una masa del mismo nombre y fritos; es un clásico de la cocina japonesa que fue introducido por los portugueses en el siglo XVI. En su elaboración existen tres reglas importantes:

1. Los ingredientes deben ser frescos
2. La temperatura del aceite debe mantenerse constante
3. El rebozado de *tempura* debe tener grumos

INGREDIENTES FRESCOS

El *tempura* se puede hacer con una variedad de vegetales frescos, pescados y mariscos. Algunos de mis ingredientes favoritos son brócoli, berenjena, hongos, aros de cebolla, pimiento, camarón, tiras o filetes pequeños de pescado, calabaza, okra, rebanadas de camote y pulpo. El pollo, la res y el cerdo se consideran carnes muy pesadas para el *tempura*.

Cualquier ingrediente que utilice para hacer *tempura* debe ser lavado y cortado con anticipación, debe estar seco, y de preferencia, haber reposado en refrigeración.

TEMPERATURA DEL ACEITE

Para preparar *tempura* sugiero utilizar 2 litros de aceite de girasol mezclados con 3 cucharadas de aceite de ajonjolí; este último tiene un sabor muy fuerte que no debe ser dominante en el *tempura*. Asimismo, las grasas animales y el aceite de oliva tienen mucho sabor, y si se utilizaran para freír *tempura*, opacarían el sabor natural del los ingredientes.

Es necesario tener en cuenta que no todos los alimentos se cuecen a la misma temperatura. En reglas generales, el pescado se cuece rápidamente a una alta temperatura, entre 170 y 180 °C, con la finalidad de conservar su humedad y suavidad, mientras que las verduras necesitan mayor tiempo de cocción a una menor temperatura, entre 150 y 160 °C. Aunque la diferencia en temperaturas es poca, es recomendable seguir esta pauta; si el aceite no está lo suficientemente caliente, el alimento absorberá demasiado de él y resultará pesado, aguado y grasoso; en cambio, si la temperatura es muy alta, el exterior parecerá quemado, mientras que el interior estará crudo o muy crujiente.

Para saber si la temperatura del aceite es la correcta, añádale un poco de la masa de *tempura*; ésta deberá sumergirse un poco por debajo de la superficie del aceite y rápidamente salir a flote; a su alrededor deberán ser visibles algunas cuantas burbujas de aceite. Este método funciona bien para la primera tanda de fritura, pero pierde su efectividad con las tandas subsecuentes. Si le es posible, recomiendo que adquiera un termómetro para alimentos que pueda clavar en la olla.

Cuando el aceite alcance la temperatura adecuada, manténgala constante durante todo el proceso de fritura, siguiendo las siguientes recomendaciones:

- Fría los alimentos en tandas pequeñas, ya que si agrega muchos en una sola ocasión, la temperatura del aceite descenderá drásticamente.
- No cubra más de un tercio de la superficie de la olla con el *tempura*.
- La profundidad del aceite en la olla debe ser del doble del volumen de los alimentos por freír.
- Utilice una freidora con termómetro o una olla o sartén de fondo grueso y plano.

REBOZADO PARA TEMPURA

RENDIMIENTO: SUFICIENTE PARA REBOZAR 500 G DE INGREDIENTES

300 ml de agua mineral fría
2 yemas
6 cubos de hielo
160 g de harina de trigo
  cernida
160 g de fécula de maíz
  o de papa

Mezcle en un tazón el agua mineral con las yemas y los cubos de hielo. Combine las harinas e incorpórelas a la mezcla anterior; deberá obtener una masa con muchos grumos. Si trabaja demasiado esta masa quedará pegajosa y el *tempura* será grasoso y pesado.

El resultado que se desea obtener después de la fritura es un rebozado con algunos huecos, como un encaje, y ligeramente dorado. Para evitar obtener un rebozado pesado y grasoso, prepárelo justo antes de comenzar a freír los alimentos.

Puede ajustar la consistencia del rebozado de *tempura*, y por tanto del rebozado final, a su gusto. Si desea una masa más espesa para un rebozado más consistente, disminuya la cantidad de agua y aumente la cantidad de harina; haga lo contrario si desea un rebozado más ligero.

PASO A PASO DEL *TEMPURA*

Prepare los ingredientes y asegúrese de que estén secos.

Caliente el aceite a una temperatura de entre 150 y 180 °C, dependiendo del tipo de alimento que vaya a freír.

Prepare el rebozado de tempura.

Sumerja los ingredientes uno por uno en el rebozado; escúrrales el exceso y sumérjalos lentamente en el aceite caliente.

Fría los ingredientes, girándolos a la mitad de la cocción, durante 3 minutos o hasta que se doren ligeramente.

Agregue al rebozado más harina y cubos de hielo en caso de ser necesario.

Deje reposar el *tempura* en una rejilla durante un par de minutos antes de servirlo.

Si desea, prepare una salsa para acompañarlo. Para una versión clásica, mezcle 120 mililitros de *dashi* (ver pág. 230), 40 mililitros de *mirin* y 40 mililitros de salsa de soya. Ralle 50 gramos de *daikon*, exprímalo para retirarle el exceso de agua y colóquelo en un tazón.

Sirva el *tempura*, caliente o a temperatura ambiente, acompañado de la salsa y el *daikon* rallado. La sal de *matcha* también es un buen condimento para el *tempura*.

El *dashi* es una de las preparaciones pilares de la cocina japonesa y nikkei, empleada como base de todo tipo de sopas y como condimento. La versión más sencilla se compone de *katsuobushi* (hojuelas de bonito), alga *kombu* y agua. El mejor *dashi* siempre es el casero, aunque es posible encontrarlo en gránulos o polvo en presentación comercial, un sustituto muy práctico porque sólo tienen que ser disueltos en agua caliente. Sin embargo, el *dashi* instantáneo no es recomendable cuando se requiere de un caldo delicado, ligero y cristalino. En estos casos recomiendo utilizar un *dashi* primario.

Para preparar una sopa o un caldo para fideos o *ramen*, donde el color del caldo no es un problema, se puede utilizar un *dashi* secundario. El *dashi* primario es superior en cuanto a calidad; su sabor es sutil, por lo que generalmente se utiliza para hacer sopas y salsas que acompañarán pescado, marisco, pollo y tofu. Por su parte, el *dashi* secundario es ideal para sopas espesas, caldo para *ramen* o fideos, y *hotpots*; un beneficio de éste es que puede elaborarse con las hojuelas de bonito y el alga *kombu* sobrantes del *dashi* primario.

DASHI PRIMARIO

RENDIMIENTO: 1 LITRO

30 g de alga *kombu*
1.2 ℓ de agua
30 g de *katsuobushi* (hojuelas de bonito)

Limpie ligeramente el alga con un trapo húmedo, colóquela en una olla con el agua, tápela y déjela reposar entre 6 y 8 horas.

Destape la olla y colóquela sobre el fuego; saque el alga del agua un poco antes de que hierva. Presione con el dedo el lado carnoso del alga; si está duro, regrese el alga al agua y añada un poco de agua fría para evitar que la preparación hierva.

Cuando el lado carnoso del alga esté suave, y sin que el agua haya hervido, retírela del agua. Permita que al agua hierva y retire la olla del fuego. Añada el *katsuobushi* sin mezclarlo; más bien, deje que las hojuelas caigan lentamente en el fondo de la olla.

Retire las impurezas que se hayan formado en la superficie del agua y pase la preparación a través de un colador cubierto con una manta de cielo, sin presionarla.

Reserve el *katsuobushi* y el alga *kombu* para preparar *dashi* secundario.

Notas. Si no tiene tiempo para dejar remojar el alga en el agua, caliéntela sobre fuego muy bajo hasta que hierva ligeramente. Después déjela reposar durante 1 hora. Si no utiliza el alga *kombu* para *dashi* secundario, puede caramelizarla (ver pág. 240).

DASHI SECUNDARIO

RENDIMIENTO: 1 LITRO

1.5 ℓ de agua
katsuobushi sobrante del *dashi* primario + 15 g
alga *kombu* sobrante del *dashi* primario

Coloque sobre el fuego una olla con el *katsuobushi* y el alga sobrantes del *dashi* primario; cuando el agua hierva, reduzca la intensidad del fuego y deje reducir el caldo durante 20 minutos o hasta que se haya evaporado una tercera parte. Si desea un caldo más concentrado, redúzcalo a la mitad.

Añada los 15 g de *katsuobushi* y retire la olla del fuego. Deje que las hojuelas se depositen lentamente en el fondo de la olla.

Retire las impurezas que se hayan formado en la superficie del agua y pase la preparación a través de un colador cubierto con una manta de cielo, sin presionarla.

Conserve el *dashi* en refrigeración hasta por 3 días.

Las siguientes versiones vegetarianas de *dashi* son ideales para quienes no consumen pescado: una es a base de alga *kombu*, y otra con hongos. Estas recetas son ideales como caldo base para emplearlas con verduras, para sopa miso o para condimentar platos de arroz.

DASHIS VEGETARIANOS

DASHI DE KOMBU

RENDIMIENTO: 1 LITRO

40 g de alga *kombu*
1.2 ℓ de agua
1 pizca de sal

Limpie ligeramente el alga con un trapo húmedo. Póngala en una olla junto con el agua, tápela y déjela reposar entre 6 y 8 horas, o de preferencia durante 1 noche.

Retire el alga del agua y deje que ésta hierva. Retírela del fuego y añada la sal.

Conserve el *dashi* de *kombu* en refrigeración durante 1 semana, o en congelación hasta 3 meses.

Notas. Si no tiene tiempo para dejar remojar el alga en el agua, caliéntela sobre fuego muy bajo hasta que hierva ligeramente. Si no utiliza el alga *kombu* para *dashi* secundario, puede caramelizarla (ver pág. 240).

DASHI DE SHIITAKE

RENDIMIENTO: 1 LITRO

1.2 ℓ de *dashi* de *kombu* o agua
30 g de hongos *shiitake* deshidratados
1 cucharadita de azúcar
1 pizca de sal

Ponga sobre el fuego una olla con *dashi* de *kombu* o el agua; retírela del fuego justo antes de que comience a hervir y añada los hongos *shiitake*, el azúcar y la sal. Deje reposar la preparación entre 2 y 4 horas.

Retire los hongos y resérvelos. Pase el caldo a través de un colador de malla fina cubierto con una manta de cielo. Conserve el *dashi* de *shiitake* en refrigeración durante 1 semana, o en congelación hasta por 3 meses.

Notas. Puede caramelizar los hongos *shiitake* sobrantes siguiendo las mismas instrucciones que para el Alga *kombu* caramelizada (ver pág. 240); o bien, píquelos y remójelos junto con el arroz durante el segundo remojo para preparar un arroz al vapor (ver pág. 225) con sabor a *shiitake*.

Esta mayonesa estilo japonés se puede comprar en supermercados especializados en la venta de productos japoneses. La receta que presento a continuación es un excelente sustituto de la versión comercial.

MAYONEIZU

RENDIMIENTO: 400 ML

1 cucharada de vinagre de arroz
1 cucharada de vinagre de manzana
1 cucharada de vinagre de malta
1 cucharadita de sal
1 cucharada de azúcar
¼ de cucharadita de ajo en polvo
½ cucharadita de glutamato monosódico en polvo
½ cucharadita de mostaza japonesa o mostaza inglesa
¼ de cucharadita de *dashi* en polvo
3 yemas
240 ml de aceite de girasol

Muela en un procesador todos los ingredientes excepto las yemas y el aceite. Añada las yemas y muela nuevamente hasta obtener una preparación homogénea.

Vierta a la preparación, con el procesador encendido, el aceite de girasol. Deberá obtener una emulsión cremosa.

Ajuste la cantidad de sal al gusto; considere que la sal que añada después del aceite se disolverá muy lentamente, por lo que el sabor de la mayonesa será más salado al siguiente día de haberla preparado. Vierta la *mayoneizu* en un frasco de vidrio con cierre hermético y consérvela en refrigeración hasta por 1 semana.

Nota. El uso del glutamato monosódico en polvo es opcional. Personalmente yo no lo utilizo, pero en esta preparación lo añadí para apegarme a la receta tradicional japonesa. Si no lo utiliza, el sabor no será el mismo, pero no será una gran diferencia.

El *yuzu kosho* es una sal curada que se usa como condimento. Sus ingredientes son cáscara de *yuzu*, chile y sal. Su fragancia es intensa y su sabor picante y ligeramente ácido, lo cual lo hace excelente para acompañar carnes. El *yuzu kosho* es originario de la isla Kyushu, situada al oeste del archipiélago japonés. En esta zona, el comercio con Corea y el sureste asiático data de hace cientos de años; esta conexión ha generado productos muy interesantes con influencias entre culturas, como el *shochu*, un destilado, y el *yuzu kosho*.

YUZU KOSHO

RENDIMIENTO: 300 G

200 g de mezcla de chiles serranos y jalapeños
100 g de cáscaras de *yuzu*, o una mezcla de cáscaras de limón, mandarina y toronja
30 g de flor de sal o sal de mar

Retire las semillas y las venas de los chiles y píquelos muy finamente; si lo desea, puede molerlos en un procesador de alimentos pero sin convertirlos en puré.

Con un pelador o cuchillo retire la parte blanca que recubre el interior de las cáscaras de *yuzu* o de los cítricos. Píquelas muy finamente.

Combine los chiles con la cáscara de *yuzu* y la sal.

Coloque la mezcla en un frasco de vidrio con cierre hermético y déjela reposar como mínimo durante 1 semana en refrigeración, o hasta por 1 mes. Transcurrida la semana, puede congelar el *yuzu kosho* distribuyéndolo en moldes para cubos de hielo; una vez firmes, desmóldelos e introdúzcalos en una bolsa de plástico resellable. Consérvelos de esta manera hasta por 1 año.

El *yuzu kosho* y la mayonesa japonesa probablemente sean mis sabores favoritos; así que ¿por qué no combinarlos? Me gusta utilizar esta mezcla para acompañar el *Tempura* de cangrejo de cocha suave y verduras (ver pág. 144), un corte de carne, o papas o camotes a la francesa.

MAYONESA YUZU KOSHO

RENDIMIENTO: 100 ML

50 g de *mayoneizu* (ver pág. 232)
50 g de crema ácida
1 cucharadita de jugo de limón
1 cucharadita de *yuzu kosho* (ver pág. 232)
1 pizca de flor de sal o sal de mar

Mezcle en un tazón todos los ingredientes hasta obtener una preparación homogénea. Consérvela en refrigeración en un frasco de vidrio con cierre hermético hasta por 1 semana.

Preparar salsa *teriyaki* en casa es muy sencillo y resulta más barato que comprar una versión comercial. Siempre está presente en mi refrigerador, donde se conserva bien durante semanas. Me gusta agregarle ajos triturados para acompañar mi Trío de sushi mar y tierra estilo nikkei (ver pág. 52).

SALSA TERIYAKI

RENDIMIENTO: 300 ML

150 ml de salsa de soya
150 ml de *mirin*
150 ml de sake
75 g de azúcar

Ponga sobre el fuego un sartén con todos los ingredientes y mezcle hasta que el azúcar se disuelva; cuando hierva, baje la intensidad del fuego y deje reducir la preparación a ¼ de su volumen inicial; deberá obtener una consistencia de jarabe ligero. Retire la salsa del fuego y déjela enfriar.

Consérvela en refrigeración en un frasco de vidrio con cierre hermético hasta por 1 mes.

Nota. Esta salsa puede ser saborizada con un sinfín de ingredientes; mis favoritos son ajo, chile y jengibre. Agréguelos a la salsa *teriyaki* antes de dejarla enfriar.

Salsa *teriyaki* con ajo

2 dientes de ajo ligeramente triturados

Salsa *teriyaki* picante

1 chile serrano rojo, cortado por la mitad a lo largo

Salsa *teriyaki* con jengibre

1 trozo de jengibre de 2 cm, pelado y ligeramente triturado

La salsa *ponzu* es la salsa más popular en Japón. Se utiliza como aderezo de ensaladas, para acompañar *hotpots* y otros platillos, así como para marinar ingredientes. Es el equivalente japonés de la vinagreta francesa y cada cocinero tiene su propia versión. La más sencilla consiste en una combinación de salsa de soya con *mirin*, jugo de limón verde o amarillo, vinagre de arroz y *dashi*. Algunas de las variantes que presento a continuación son una muy buena opción para acompañar varios platillos nikkei.

SALSA PONZU

RENDIMIENTO: 150 ML

4 cucharadas de salsa de soya
1 cucharada de *mirin*
3½ cucharadas de jugo de limón verde o amarillo,
  o una combinación de ambos
1½ cucharadas de vinagre de arroz
¼ de cucharadita de *dashi* en polvo

Coloque todos los ingredientes en un frasco, ciérrelo y agítelo vigorosamente hasta que el *dashi* se disuelva. Pruebe la salsa; si el sabor le parece muy punzante, añádale ½ cucharadita de azúcar y agite nuevamente el frasco para disolverla. Conserve la salsa en refrigeración en un frasco de vidrio con cierre hermético hasta por 3 semanas.

SALSA PONZU CON AJONJOLÍ

RENDIMIENTO: 300 ML

4 cucharadas de salsa de soya
1 cucharada de *mirin*
3½ cucharadas de jugo de limón verde o amarillo,
  o una combinación de ambos
5 cucharaditas de vinagre de arroz
2 cucharadas de aceite de ajonjolí
2 cucharaditas de azúcar
½ cebolla pequeña picada finamente
¼ de cucharadita de *dashi* en polvo

Coloque todos los ingredientes en un frasco, ciérrelo y agítelo vigorosamente hasta que el *dashi* y el azúcar se disuelvan. Conserve la salsa en refrigeración en un frasco de vidrio con cierre hermético hasta por 1 semana.

SALSA PONZU TRUFADA

RENDIMIENTO: 110 ML

3 cucharadas de salsa de soya
1 cucharada de *mirin*
2 cucharadas de jugo de limón verde o amarillo,
  o una combinación de ambos
1 cucharada de aceite de trufa
¼ de cucharadita de azúcar
¼ de cucharadita de *dashi* en polvo

Coloque todos los ingredientes en un frasco, ciérrelo y agítelo vigorosamente hasta que el *dashi* y el azúcar se disuelvan. Conserve la salsa en refrigeración en un frasco de vidrio con cierre hermético hasta por 2 días; transcurrido este tiempo el aceite de trufa pierde su sabor. Agítela bien antes de usarla.

SALSA YUZU-PON

RENDIMIENTO: 150 ML

4 cucharadas de salsa de soya
1 cucharada de *mirin*
2 cucharadas de jugo de *yuzu*, o una combinación de jugo
   de mandarina, toronja y limón
1½ cucharadas de vinagre de arroz
1 cucharadita de azúcar
¼ de cucharadita de *dashi* en polvo

Coloque todos los ingredientes en un frasco, ciérrelo y agítelo vigorosamente hasta que el *dashi* y el azúcar se disuelvan. Conserve la salsa en refrigeración en un frasco de vidrio con cierre hermético hasta por 1 semana.

SALSA PONZU PICANTE

RENDIMIENTO: 150 ML

4 cucharadas de salsa de soya
1 cucharada de *mirin*
3½ cucharadas de jugo de limón verde o amarillo,
   o una combinación de ambos
1½ cucharada de vinagre de arroz
¼ de cucharadita de *dashi* en polvo
1 chile serrano rojo rebanado finamente, o 1 cucharadita
   de hojuelas de chile seco

Coloque todos los ingredientes en un frasco, ciérrelo y agítelo vigorosamente hasta que el *dashi* se disuelva. Deje reposar la salsa en refrigeración durante 1 noche. Cuélela para desechar el chile y viértala en un frasco de vidrio con cierre hermético. Consérvela en refrigeración hasta por 1 semana.

Nota. Para preparar estas salsas yo prefiero utilizar *dashi* primario (ver pág. 230), pues con él se obtienen salsas con un sabor y color más delicados. Sustituya el *dashi* en polvo por *dashi* primario, empleando la misma cantidad que de salsa de soya.

Una de las salsas más populares de la cocina peruana es la huancaína. Las papas a la huancaína, que son papas rebanadas servidas con dicha salsa, es uno de los platillos más tradicionales de Perú. La salsa es elaborada con ají amarillo, leche evaporada y queso fresco, ingredientes que le proporcionan un toque cremoso y picante. Me gusta servirla con vegetales, papas, carne, pescado, e incluso con pasta.

SALSA HUANCAÍNA

RENDIMIENTO: 700 ML

2 cucharadas de aceite de oliva
1 cebolla pequeña picada finamente
1 diente de ajo triturado
4 cucharadas de pasta de ají amarillo (ver Nota de pág. 87)
100 ml de aceite de girasol
50 g de queso feta
400 ml de leche evaporada
50 g de galletas saladas, troceadas
2 cucharadas de jugo de limón
sal al gusto

Coloque sobre el fuego un sartén con el aceite de oliva y sofría en él la cebolla y el ajo durante un par de minutos.

Transfiera la cebolla y el ajo a un procesador de alimentos y muélalos junto con la pasta de ají amarillo, el aceite de girasol, el queso feta y la leche evaporada; deberá obtener una mezcla tersa y homogénea.

Añada las galletas troceadas, el jugo de limón y sal al gusto; muela nuevamente. Deberá obtener una salsa cremosa y tersa, ligeramente picante y ácida. Si desea, añada un poco más de leche para aligerarla. Consérvela en refrigeración hasta por 1 semana.

Este aromático y brillante aceite agregará a sus platillos un sabor herbal refrescante y un bello color verde. Utilícelo en el *Sashimi* de salmón al estilo sudamericano (ver pág. 64). Se conserva bien en refrigeración hasta por 4 semanas.

ACEITE DE CILANTRO

RENDIMIENTO: 300 ML

100 g de cilantro (tallos y hojas)
300 ml de aceite de girasol

Lave el cilantro, séquelo bien con papel absorbente y trocéelo.

Ponga sobre fuego bajo una olla con el aceite y el cilantro troceado; caliente la preparación durante 3 minutos o hasta que el aceite se sienta tibio y el cilantro se haya suavizado.

Vierta la preparación en un tazón colocado sobre un recipiente con agua y hielos; mézclela constantemente hasta que se enfríe, y de esa manera, conservar el color verde intenso del cilantro.

Muela el aceite con el cilantro en un procesador de alimentos hasta obtener una preparación homogénea. Deje reposar el aceite con cilantro en un recipiente con tapa durante 2 horas, o hasta 2 días.

Pase el aceite de cilantro a través de un colador de malla fina o a través de un filtro de papel para café. Consérvelo en un recipiente hermético en refrigeración hasta por 4 semanas.

Nota. Puede preparar otros aceites sustituyendo el cilantro con la hierba aromática de su preferencia, como albahaca, cebollín, perejil o eneldo.

Un aderezo refrescante y cremoso que realzará el sabor de cualquier ensalada, tiradito o sushi. Me parece que esta crema es ideal para el Sushi de salmón, dos estilos (ver página 55) y la Tostada de *sashimi* de atún (ver pág. 81).

CREMA DE WASABI Y LIMÓN

RENDIMIENTO: 150 ML

5 cucharadas de *mayoneizu* (ver pág. 232)
5 cucharadas de crema ácida
1 cucharada de pasta de *wasabi*
gotas de jugo de limón, al gusto
1 pizca de sal

Mezcle en un tazón todos los ingredientes. Pruebe y ajuste la cantidad de sal, *wasabi* y limón a su gusto. El sabor final debe ser moderadamente picante, y ligeramente ácido y refrescante. Consérvela en refrigeración hasta por 1 semana.

Nota. Comercialmente existen dos tipos de *wasabi* que puede adquirir: la versión en polvo, el cual debe mezclarse con agua para convertirlo en una pasta, y la pasta, que viene en un tubo. Personalmente recomiendo la pasta de *wasabi*, pues el polvo en ocasiones produce un sabor ligeramente amargo cuando se mezcla con otros ingredientes.

Esta salsa consiste en una mayonesa saborizada con vinagre de arroz, *tobanjan* (una pasta de soya picante china) y aceite con semillas de chile estilo Sichuan, similar a una salsa macha. Puede utilizarla como salsa para acompañar el Sushi de mariscos al *grill* con salsa chifa picante (ver pág. 82), o cualquier platillo de mariscos o pescados cocidos al *grill*. El nombre de esta salsa es un guiño a la comunidad china (chifa) de Perú.

SALSA CHIFA

RENDIMIENTO: 350 ML

3 yemas
½ cucharadita de sal
1½ cucharadas de vinagre de arroz
225 ml de aceite de girasol
1 cucharada de aceite con semillas de chile estilo Sichuan
1 cucharada de pasta *tobanjan*

Mezcle en un procesador de alimentos las yemas con la sal y el vinagre de arroz hasta obtener una mezcla homogénea. Sin apagar el procesador, añada poco a poco el aceite de girasol; deberá obtener una emulsión cremosa, similar a una mayonesa. Finalmente, agregue el aceite con semillas de chile y la pasta *tobanjan* y procese nuevamente hasta incorporarlos.

Pruebe la salsa y ajuste la cantidad de picante al gusto, agregando más aceite con semillas de chile o pasta *tobanjan*. La consistencia final de esta salsa debe ser similar a la de una mayonesa ligera; si estuviera muy espesa, añádale un poco de agua. Consérvela en un recipiente con cierre hermético en refrigeración hasta por 2 días.

Un clásico de la cocina japonesa que puede ser utilizado como aderezo de ensaladas o de verduras, o como acompañante de *hotpots*.

ADEREZO DE AJONJOLÍ

GOMA-DARE

RENDIMIENTO: 400 ML

90 g de ajonjolí
90 ml de salsa de soya
2 cucharadas de *mirin*
1 cucharada de azúcar
180 ml de *dashi* (ver pág. 230)

Ponga sobre fuego medio un sartén con el ajonjolí, y muévalo constantemente hasta que se dore uniformemente, pero sin que se queme.

Muela el ajonjolí en un *suribachi*, mortero o molcajete; cuando tenga una consistencia arenosa, añada la salsa de soya, el *mirin* y el azúcar, y mezcle. Agregue poco a poco el *dashi*, mezclando bien entre cada adición, hasta obtener la consistencia deseada; si desea un aderezo espeso no será necesario agregar todo el *dashi*. Conserve el aderezo en refrigeración dentro de un recipiente con cierre hermético hasta por 1 semana.

Notas. El *suribachi* es un tipo de mortero japonés con un interior estriado que facilita la molienda. Puede sustituir el ajonjolí por 6 cucharadas de *tahini* o pasta de ajonjolí; en este caso, la textura final y el sabor serán ligeramente distintos, así que necesitará una menor cantidad de *dashi* para disolver la pasta.

Los caracteres japoneses para la palabra *nanban* pueden traducirse, aunque no literalmente, como "bárbaros del sur"; esta expresión data del siglo XVI y se refería a los comerciantes y misioneros portugueses. Estos últimos fueron los primeros occidentales en entrar a Japón vía Kyushu, la isla del archipiélago japonés más cercana al oeste. Ellos introdujeron los chiles sudamericanos, su pasión por la comida frita y la costumbre de marinar estos alimentos en vinagre con chile, estilo escabeche. Rápidamente los japoneses adoptaron estos nuevos sabores y crearon la salsa *nanban*, un ejemplo de lo que es la cocina nikkei pero a la inversa.

SALSA NANBAN

SALSA AGRIDULCE PICANTE

RENDIMIENTO: 800 ML

2 cebollas de primavera o cebollas cambray tiernas con hojas
500 ml de *dashi* (ver pág. 230)
125 ml de salsa de soya
125 ml de vinagre de arroz
70 g de azúcar
2 chiles serranos rojos o de árbol, sin semillas ni venas
  y cortados en tiras
hojuelas de chile seco o salsa picante, al gusto (opcional)

Ponga sobre el fuego un sartén con las cebollas de primavera o las cebollas cambray tiernas con hojas. Deje que se tatemen ligeramente, moviéndolas ocasionalmente.

Baje la intensidad del fuego a media y añada el resto de los ingredientes, excepto las hojuelas de chile seco; mezcle hasta que el azúcar se disuelva. Cuando la preparación hierva, retírela del fuego y déjela enfriar.

Pruebe y ajuste a su gusto la cantidad de picante, agregando un poco de hojuelas de chile seco o de salsa picante. Retire las cebollas y vierta la salsa en un recipiente con cierre hermético. Consérvela en refrigeración hasta por 4 días.

La leche de tigre es una salsa que se utiliza para marinar el pescado para un ceviche, uno de los platillos nacionales de Perú. Existen infinidad de versiones de leche de tigre, pero la receta básica consta de jugo de limón, sal, chile y algunos ingredientes aromáticos; en ocasiones se agregan retazos de pescado blanco para intensificar el sabor. La siguiente receta es una versión nikkei de esta preparación, utilizando algunos ingredientes japoneses y un poco de azúcar para equilibrar los sabores y que combinen mejor con algunos platillos nikkei, como los tiraditos de las página 56 y 87, y los *makis* de las páginas 60 y 68.

LECHE DE TIGRE NIKKEI

RENDIMIENTO: 125 ML

1 pieza de callo de hacha sin concha, o 35 g de cualquier
   pescado blanco
½ cucharadita de sal
1 cucharadita de azúcar
1 diente de ajo triturado
1 cucharadita de jengibre fresco rallado
¼ de cucharadita de *dashi* en polvo
100 ml de jugo de limón
½ chile serrano picado finamente
1-2 cucharadas de *mayoneizu* (ver pág. 232)

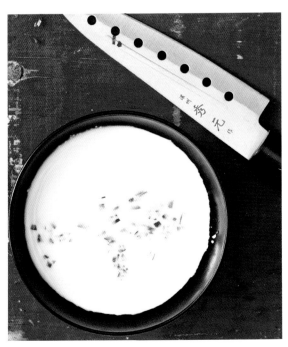

Coloque en un procesador de alimentos todos los ingredientes, excepto el chile y la *mayoneizu*; muélalos hasta obtener una salsa tersa con espuma. Déjela reposar durante 15 minutos.

Pase la salsa a través de un colador de malla fina, presionando con el dorso de una cuchara para extraer todo el líquido.

Incorpore a la leche de tigre el chile picado y la *mayoneizu*. Pruebe y ajuste a su gusto la cantidad de sal. Refrigérela en un recipiente hermético hasta el momento en que la vaya a servir, pero por no más de 8 horas.

El ají amarillo es un chile peruano de color amarillo anaranjado, con un picor entre medio y alto y un sabor frutal. En esta receta lo combino con crema ácida y *mayoneizu* para obtener una crema de ají amarillo que acompaña a la perfección el *nigiri* de salmón del Trío de sushi mar y tierra estilo nikkei (ver pág. 52).

CREMA DE AJÍ AMARILLO

RENDIMIENTO: 150 ML

50 g de crema ácida
50 g de *mayoneizu* (ver pág. 232)
25 g de pasta de ají amarillo (ver Nota de pág. 87)
1 cucharada de jugo de limón
la ralladura de ½ limón
¼ de cucharadita de azúcar
2 pizcas de flor de sal o sal de mar

Mezcle en un tazón todos los ingredientes hasta obtener una mezcla homogénea. Conserve la crema en refrigeración dentro de un recipiente hermético hasta por 1 semana. Con el paso de los días, la crema de ají amarillo se volverá más picante.

El alga *kombu* caramelizada se conoce en japonés como *kombu no tsukudani*; el alga deshidratada se rehidratada y carameliza en una mezcla de salsa de soya, sake y azúcar. Se puede utilizar para acompañar arroz blanco al vapor, como relleno de *onigiris* (sushi triangular) o para darle color y/o sabor a otras preparaciones. Me gusta reutilizar las algas previamente utilizadas para preparar *dashi* y así evitar su desperdicio. Se conserva en refrigeración indefinidamente, por lo que vale la pena caramelizar muchas algas en una sola ocasión; sin embargo, debe tener cuidado ¡pues pueden ser seriamente adictivas!

ALGA KOMBU CARAMELIZADA

RENDIMIENTO: 50 G

30 g de alga *kombu* sobrante del *dashi* (ver pág. 230)
1 cucharada de sake
1 cucharadita de vinagre de arroz
1 cucharada de salsa de soya
15 g de azúcar
1 cucharadita de ajonjolí tostado

Corte las algas *kombu* en tiras delgadas.

Coloque en un sartén el sake, el vinagre de arroz y las tiras de alga; añada suficiente agua para cubrirlas. Ponga el sartén sobre el fuego; cuando hierva, reduzca la intensidad del fuego y caliente hasta que el alga esté suave.

Añada la salsa de soya y el azúcar y continúe la cocción hasta que casi todo el líquido se haya reducido. Retire del fuego e incorpore el ajonjolí tostado. Deje enfriar las tiras de alga caramelizadas por completo y transfiéralas a un recipiente con cierre hermético. Consérvelas en refrigeración.

Nota. Con este mismo procedimiento puede caramelizar los hongos *shiitake* sobrantes del *dashi* de hongos, simplemente sustituyendo el alga por éstos. Son excelentes para acompañar arroz al vapor y sopa *ramen*.

Este condimento es muy fácil de preparar, aunque requiere un poco de organización previa. Este polvo aporta a los alimentos un intenso sabor umami natural; espolvoréelo sobre tiraditos y *makis*, o utilícelo como condimento de platillos sencillos como los Pimientos de Padrón nikkei (ver pág. 194).

POLVO DE MISO ROJO

RENDIMIENTO: 50 G

120 g de pasta de *miso* rojo

Precaliente el horno a 70 °C y cubra una charola para hornear con un tapete de silicón o papel siliconado.

Extienda la pasta *miso* sobre la charola con una raspa o una espátula, de manera que quede una capa lo más delgada y uniforme que le sea posible. Hornéela durante 3 horas o hasta que esté seca y quebradiza; verifique la cocción transcurridas 2 horas para evitar que se queme y así evitar que se amargue el polvo.

Transfiera la pasta seca a un tazón y tritúrela hasta que obtenga un polvo fino; puede hacerlo a mano o en un procesador de alimentos.

Conserve el polvo de *miso* rojo en un lugar fresco y seco, dentro de un recipiente con cierre hermético, hasta por 4 semanas.

Estas marinadas aportan un sabor ahumado al salmón nikkei y a las brochetas de pollo; son una versión más ligera de los clásicos Anticuchos de corazón peruanos, los cuales se elaboran con corazón de buey y se cuecen a la parilla; son una deliciosa comida callejera peruana. Utilizo esta preparación para marinar el salmón con marinada de anticucho de la receta *Chirashi-zushi* nikkei (ver pág. 72), y para marinar el pollo en el Churrasco brasileño con sabores nikkei (ver pág. 154).

MARINADAS NIKKEI DE ANTICUCHO

SALMÓN

RENDIMIENTO: 150 ML DE MARINADA PARA 500 G DE SALMÓN

2 cucharadas de pasta de ají panca (ver Nota de pág. 161)
2 cucharadas de pasta de ají amarillo (ver Nota de pág. 87)
2 cucharadas de salsa de soya
4 cucharadas de vinagre de arroz
2 dientes de ajo triturados
1 trozo de jengibre fresco de 2 cm, pelado y rallado
1 cucharadita de azúcar
1 cucharadita de sal

Mezcle todos los ingredientes en un tazón hasta obtener una preparación homogénea. Resérvela en refrigeración hasta el momento de usarla, o hasta por 1 semana.

POLLO

RENDIMIENTO: 200 ML DE MARINADA PARA 750 G DE POLLO

4 cucharadas de pasta de ají amarillo (ver Nota de pág. 87)
4 cucharadas de vinagre de arroz
2 cucharadas de salsa de soya
2 cucharadas de aceite de oliva
2 dientes de ajo triturados
1 cucharadita de comino molido
1 cucharadita de sal
½ cucharadita de pimienta negra molida

Mezcle todos los ingredientes en un tazón hasta obtener una preparación homogénea. Resérvela en refrigeración hasta el momento de usarla, o hasta por 1 semana.

El acompañante más popular del *ramen* son estos deliciosos huevos marinados, que bien pueden comerse solos o con otros platillos como los Fideos *somen* y ensalada de pollo (ver pág. 95). Es recomendable prepararlos con un día de anticipación para que pueda tomarse las cosas con calma y manipular los huevos con cuidado, ya que son extremadamente suaves y frágiles.

HUEVOS MARINADOS AJITSUKE TAMAGO

RENDIMIENTO: 6 PORCIONES

Huevos

10 huevos a temperatura ambiente
3 ℓ de agua
1 cucharada de sal gruesa
2 cucharadas de vinagre de arroz

Marinada

150 ml de salsa de soya ligera
150 ml de agua
150 ml de *mirin*
6 cucharadas de azúcar
1 pizca de *dashi* en polvo

Marinada

Mezcle en un tazón todos los ingredientes de la marinada hasta que el azúcar y el *dashi* se disuelvan. Reserve.

Huevos

Llene con agua fría un tazón grande. Tenga listo un termómetro para alimentos.

Inserte la punta de una aguja en la base ancha de cada uno de los huevos con la finalidad de hacerles un pequeño orificio, por el que pueda salir el aire durante la cocción y así evitar que la cáscara se rompa.

Vierta el agua en una olla o sartén en la cual pueda colocar los 10 huevos sin encimarlos y sin que haya mucho espacio entre ellos. Ponga sobre fuego medio la olla o el sartén y deje que el agua hierva a borbotones.

Añada al agua la sal y el vinagre de arroz; cuando hierva nuevamente, sumerja delicadamente uno por uno los huevos con ayuda de una espumadera. Baje la intensidad del fuego y mantenga el agua a una temperatura constante de 95 °C. Cueza los huevos durante 6 minutos, a partir de que el agua haya llegado a dicha temperatura, moviéndolos delicadamente cada minuto para que se cuezan uniformemente.

Saque los huevos con la espumadera, sumérjalos con cuidado en el tazón con agua fría y déjelos enfriar por completo. Golpe delicadamente cada uno de los huevos con el dorso de una cuchara para romper su cáscara (evite realizar este

paso con la palma de sus mano, ya que seguramente los huevos se romperán). Pélelos con cuidado bajo el chorro de agua fría; las claras serán extremadamente frágiles en este punto, por lo que es recomendable realizar este proceso con calma.

Transfiera los huevos a un recipiente lo suficientemente grande para que pueda acomodarlos uno a un lado del otro, pero sin encimarlos. Vierta la marinada, cúbralos con 2 hojas de papel absorbente y presiónelas delicadamente hasta que se empapen con la marinada; esto ayudará a que los huevos se mantengan sumergidos en la marinada todo el tiempo y adquieran un color uniforme. Déjelos marinar durante 2 horas, sin rebasar este tiempo, para que no adquieran un color muy oscuro o un sabor fuerte.

Escurra los huevos y retíreles el exceso de líquido con papel absorbente. Reserve la marinada en refrigeración para reutilizarla una vez más para marinar otra tanda de huevos.

Sirva los huevos o consérvelos en refrigeración en un recipiente hermético hasta por 3 días. Si los servirá de inmediato, caliente la navaja de un cuchillo para queso que tenga orificios, y pártalos por la mitad a lo largo, cuidando que la yema no se escurra; limpie el cuchillo antes de partir el siguiente huevo. Si los almacenará para consumirlos después, tempérelos durante un par de horas antes de consumirlos. También puede comerlos calientes sumergiéndolos durante 45 segundos en agua caliente.

En este apartado están los ingredientes clave que utilizo en este libro, y no pretende ser un inventario exhaustivo de productos japoneses, asiáticos ni latinoamericanos. No es necesario comprar todos los ingredientes enlistados, pero para realizar muchas de las recetas necesitará tener la mayoría de los ingredientes básicos de las cocinas japonesa y sudamericana, como salsa de soya, *mirin*, *dashi*, vinagre de arroz, *miso* y arroz de grano corto. Estos ingredientes se utilizan en bastantes recetas; una vez que haya dominado cómo utilizarlos, estará en camino de disfrutar auténticos platillos japoneses y nikkei.

Muchos de los siguientes ingredientes puede encontrarlos en tiendas especializadas en productos comestibles sudamericanos, japoneses, coreanos o chinos, así como por internet.

INGREDIENTES DE LA COCINA NIKKEI

INGREDIENTES JAPONESES Y ASIÁTICOS

AJONJOLÍ, ACEITE Y SEMILLA. Para preparar las recetas de este libro utilice siempre semillas tostadas y aceite de semillas tostadas; si le es posible, prefiera las marcas de aceite de ajonjolí japonesas. Las semillas de ajonjolí las encontrará en dos variedad: blanca o negra.

ALGA *KOMBU*. Tipo de alga naturalmente rica en glutamato monosódico, utilizada en la elaboración del *dashi*. Esta alga no se debe lavar, pues su distintivo sabor se encuentra en su superficie; en caso de ser necesario, se puede limpiar delicadamente con un trapo humedecido con agua.

ALGA *NORI*. Alga seca comercializada en forma de láminas cuadradas y muy delgadas, con un tamaño estándar, que previamente han sido tostadas. Se utilizan para enrollar sushis u *onigiris* (esferas de arroz). Las *kizami nori* son tiras muy delgadas y pequeñas de alga *nori* utilizadas como decoración. La *aonori*, cuya traducción errónea al castellano es alga azul, es en realidad verde, y se vende en hojuelas para espolvorear sobre los platillos.

ARROZ DE GRANO CORTO. Es el tipo de arroz que se debe utilizar en todas la recetas de este libro elaboradas con este cereal, incluyendo los sushis y los salteados. Los granos son pequeños y redondos, a diferencia de otros tipos de arroz, como el jazmín o el *basmati*. El arroz para hacer sushi se conoce como arroz *shari*.

AZUKI. Frijol rojo pequeño, de 5 milímetros aproximadamente. Con esta leguminosa se elabora la pasta dulce de frijol rojo, la cual forma parte del relleno de muchas preparaciones de repostería, además de ser ingrediente esencial del helado de frijol rojo.

CALDO DE POLLO EN POLVO ASIÁTICO. Producto con salsa de soya, además de otros ingredientes, que son responsables de un sabor diferente a los caldos de pollo en polvo occidentales.

CEBOLLA DE PRIMAVERA. Llamada también cebolla de verdeo o cebolleta, al igual que otras cebollas pertenece al género *Allium*. Se recolecta antes de que el bulbo se haya desarrollado, por tanto, es de sabor más suave que la cebolla blanca o la cebolla cambray. Se come cruda o cocida, con todo y hojas, en muchas preparaciones asiáticas. Si no la encuentra, sustitúyala por cebolla cambray tierna.

DAIKON. Es un rábano blanco gigante, ingrediente esencial en la cocina japonesa y nikkei. Pude rallarse y servirse como guarnición, cocerse y comerse como verdura, o encurtirse. También se consumen los brotes de *daikon*, los cuales tienen un sabor picante como el rábano. Si no los encuentra, sustitúyalos por brotes de berro.

DASHI. Caldo japonés elaborado a base de agua, *katsuobushi* (hojuelas de bonito) y alga *kombu* deshidratada. Es una de las preparaciones pilares de las cocinas japonesa y nikkei. Se puede preparar en casa o comprar la versión comercial en polvo o instantánea. Consulte la receta en la página 230.

EBI FURAI. Camarones empanizados con *panko*. Se venden generalmente congelados. Es un ingrediente muy práctico que puede servirse como botana, relleno de sushi o como guarnición.

ENCURTIDOS JAPONESES. Llamados *tsukemono* en japonés, son encurtidos de varias verduras que se sirven sobre arroz, como guarnición o como acompañamiento de varios platillos. Los encurtidos más comunes son pepino, rábano y jengibre, aunque existen muchos otros. Se pueden presentar con diversos colores de acuerdo con el ingrediente que su utilice durante el proceso de encurtido; por ejemplo, las hojas de *shiso* moradas otorgan un color rojo.

FIDEOS DE ARROZ. Existen muchas variedades de fideos de arroz. Los más comunes son los fideos *vermicelli*, secos y del-

Shiso

Ají limo

Ají rocoto

Ají amarillo

Matcha

Ají panca

Yuzu kosho

Jugo de yuzu

Kizami nori

Alga kombu

Quinoa negra

Dashi en polvo

Miso rojo

Miso café

Miso blanco

Katsuobushi
(hojuelas de bonito)

Hongo shiitake
seco

Shichimi

Dashi
de *kombu*
en polvo

Fermentado de hongo *kouji*
con arroz y sal (*shio kouji*)

Fideos *somen*

Wasabi en pasta

Jengibre encurtido
(*beni shōga*)

gados, y los *hakusami* japoneses, los cuales sugiero utilizar para todas las recetas del libro.

FIDEOS *SHIRATAKI*. Fideos japoneses delgados, traslúcidos y gelatinosos, hechos a partir de la raíz de *konjac*, también conocida como lengua del diablo. *Shirataki* significa cascada blanca, y alude a la apariencia de estos fideos. Su composición es agua y fibra de glucomanano (soluble en agua), su contenido de carbohidratos es muy abajo, así como su aporte de calorías.

***GYOZA*.** *Ver* Pasta para *gyozas*.

HARINA DE FRIJOL DE SOYA. También conocido polvo de frijol de soya, en japonés se llama *kinako*. Se utiliza comúnmente para hacer dulces japoneses. Aporta un sabor a nueces tostadas.

HARINA PARA *TEMPURA*. Conocida también como mezcla para rebozado de *tempura* o *tempurako*, consiste en una mezcla de harina de trigo y maíz con huevo deshidratado y levadura. Es una alternativa práctica a elaborar una mezcla en casa, ya que solo hay que añadirle agua.

HOJUELAS DE BONITO. *Ver Katsuobushi*.

HONGOS *SHIITAKE*. Los hongos japoneses más conocidos, los *shiitakes*, tienen una consistencia carnosa y un sabor terroso. Se pueden comprar frescos o deshidratados, aunque esta última es la forma de comercialización más común. Para rehidratarlos, sumérjalos en un tazón con agua caliente y un poco de azúcar, lo que ayudara a que se hinchen más rápido. Otros hongos japoneses populares son los hongos ostra, *enoki* y *shimeji*.

HUEVA ANARANJADA DE PESCADO. Conocida como *tobiko*, se trata de huevecillos salados de pez volador, muy pequeños y de color naranja brillante, con un sabor ligeramente dulce y suave. Existen de varios colores en función del ingrediente con el cual se condimenten; los más populares son los verdes con *wasabi*, y los amarillos con *yuzu*.

HUEVA DE SALMÓN. Llamada en japonés *ikura*, designa a los huevos de salmón color rojo brillante, considerados un lujo. Sabe deliciosa sazonada con salsa de soya y *mirin*, o servido como acompañamiento del sushi o del arroz al vapor.

HUEVO CENTENARIO CHINO. Llamado también huevo de 100 años, es un huevo que se conserva en una mezcla de cáscaras de arroz, barro, sal, entre otros ingredientes, durante 6 meses, no 100 años, La yema se torna cremosa y adquiere un color verde oscuro, mientras que la clara se endurece y se vuelve color ámbar con una consistencia de gelatina.

JENGIBRE. Además del jengibre fresco, el jengibre se comercializa en pequeñas y delgadas tiras rojas encurtidas llamadas en japonés *beni shōga*, cuyo color se debe a la hoja de *shiso* morada que se agrega durante el proceso de encurtido. Otra forma en la que se encuentra el jengibre es en láminas delgadas de color rosa pálido, llamadas *gari*, las cuales tienen un sabor ligeramente dulce. Son utilizadas como acompañamiento del sushi para limpiar el paladar entre bocados de variedades diferentes de éste.

***KATSUOBUSHI*.** Hojuelas delgadas y ligeras, como plumas, elaboradas con el pescado llamado bonito, deshidratado, que se utilizan como ingrediente principal del *dashi*. También se añaden a otros platillos para darles más sabor o como decoración.

***KOMBU*.** *Ver* Alga *kombu*.

***KOUJI*.** Hongo utilizado en varias cocinas del este de Asia para fermentar frijoles de soya, así como para convertir almidón en azúcar en productos como arroz, granos diversos y papas, y también para elaborar bebidas alcohólicas como sake, *makgeolli* y *sochu*. Es considerado el hongo nacional de Japón, importante no solo en la confección del sake, sino también para la fermentación del *miso* y la salsa de soya, entre otros productos japoneses.

***MATCHA*.** Té verde en polvo muy fino, rico en cafeína y con un intenso color verde, que se utiliza durante la ceremonia del té en Japón, así como en un sinfín de preparaciones, desde helados hasta pasteles. Resulta muy amargo si se consume solo, así que casi siempre se le añade azúcar.

***MAYONEIZU*.** Conocida también como mayonesa japonesa, es más cremosa y ácida que la mayonesa occidental, con un color amarillo más pronunciado debido a que en su elaboración se utiliza una proporción mayor de yemas. Se puede encontrar en establecimientos especializados en productos asiáticos. Consulte la receta en la página 232.

***MENTAIKO*.** Hueva de abadejo o bacalao condimentada, común en las mesas japonesas. De origen coreano, fue introducido en Japón posterior a la guerra ruso-japonesa. Una variedad muy popular es el *mentaiko* picante (marinado en chiles), que es el ingrediente número uno en la isla Kyushu.

***MIRIN*.** Vino de arroz (sake) dulce con un contenido alcohólico del 14 %. Se utiliza para cocinar y agregar a las preparaciones un sabor profundo, así como para equilibrar el sabor salado de la salsa de soya.

***MISO*.** Fermentado de frijol de soya mezclado con arroz o con centeno y sal. Se presenta en pasta, y de manera menos común, en polvo. Se mezcla con *dashi* para preparar sopa, pero también con otros ingredientes para preparar marinadas, salsas y aderezos. Existen varios tipos de *miso*: blanco, café, rojo, suave o granuloso. Cuando se presenta en pasta, como regla general, entre más oscura sea, es más salada y de sabor más intenso.

MOSTAZA CHINA ENCURTIDA ESTILO SICHUAN. Conocida como *zasai* en japonés o *zha cai* en chino, es una verdura de hojas que generalmente es encurtida y fermentada en sal para ser utilizada en muchos tipos de cocina china.

NORI. *Ver* Alga *nori*.

PASTA DE FRIJOL ROJO. *Ver Azuki*.

PASTA *GOCHUJAN*. Condimento coreano elaborado con chile, arroz glutinoso, frijoles de soya fermentados y sal.

PASTA PARA *GYOZAS*. Pasta elaborada a base de harina de trigo comercializada en forma de círculos o rectángulos muy delgados que generalmente se venden congelados. Se utiliza para hacer *gyozas*, una especie de *dumpings* o empanadillas, que se rellenan con diversas preparaciones.

PASTA *TOBANJAN*. Pasta picante y salada elaborada con habas fermentadas, frijol de soya, sal, arroz y especias. Originaria de China, se utiliza para preparar muchas salsas de la cocina japonesa y nikkei.

PIMIENTA *SANSHO*. Aromáticas semillas de las vainas del fresno espinoso japonés (*Zanthoxylum piperitum*). Molidas se utilizan como sazonador de varios platillos. Las hojas de *sansho* frescas o *kinome* se usan como guarnición.

POLVO DE FRIJOL DE SOYA. *Ver* Harina de frijol de soya.

SAKE. Vino seco japonés elaborado con arroz refinado y con un contenido alcohólico del 15%. Se bebe frío o caliente y se utiliza también para cocinar. Existen muchas calidades en el sake; para cocinar pueden utilizar los de menor calidad.

SAL DE *MATCHA*. Sal mezclada con té verde en polvo o *matcha*, utilizada como condimento. Agrega un aroma delicado y perfumado a platillos a base de arroz, vegetales, tofu, *tempura*, pescados, mariscos, huevo, entre otros. Se puede elaborar de forma casera en una proporción de 1 cucharadita de sal por ½ cucharadita de *matcha*. Es recomendable utilizar sal de buena calidad, como sal rosa del Himalaya, sal de Maldon, sal de mar o flor de sal, y molerla finamente.

SAL DE *WASABI*. Mezcla de sal con *wasabi* en polvo que se utiliza como condimento para platillos a base de arroz, vegetales, pescados, mariscos, salsas, entre otros. Su sabor es intenso y ligeramente ácido y cítrico. Se puede elaborar de forma casera en una proporción de 2 cucharaditas de sal por ½ cucharadita de *wasabi* en polvo, aunque si lo desea, puede disminuir o aumentar la cantidad de *wasabi* a su gusto. Es recomendable utilizar sal de buena calidad, como sal rosa del Himalaya, sal de Maldon, sal de mar o flor de sal, y molerla finamente.

SALSA DE SOYA. Ingrediente esencial en las cocinas japonesa y nikkei, la salsa de soya aporta un sabor umami a muchos platillos. Existen dos grandes tipos de salsa de soya: oscura (*koikuchi*) y ligera (*usukuchi*). Para las recetas de este libro utilice la versión oscura, a menos que se indique lo contrario. Las salsas de soya chinas o coreanas, aunque son excelentes para ser utilizadas en esas cocinas, no lo son para la japonesa o nikkei. La salsa de soya oscura es la salsa estándar y para todo uso que se puede encontrar en cualquier establecimiento. En cambio, la versión ligera, originaria de la región Kansai de Japón, en los alrededores de Kyoto, tiene un color menos intenso, pero es más salada. La salsa *tamari* es otro tipo de salsa de soya con poco gluten o sin él, menos salada y un poco más espesa. En Perú la salsa de soya local se llama sillao.

SAKE *KASU*. Heces del vino sobrante de la producción de sake. Se utiliza como agente para curar alimentos o como pasta para cocinar; para otorgar a la sopa *miso* una textura cremosa y rica en sabor, o como marinada para potenciar el sabor de los alimentos.

SAZONADOR PARA ARROZ DE SUSHI. Llamado *sushisu* en japonés, es una mezcla que básicamente se forma de vinagre de arroz, azúcar y sal, que se puede comprar o preparar de forma casera. Consulte la receta en la nota de la página 226.

SHICHIMI. Conocido también como *shichimi togarashi*, es un condimento japonés de 7 especias: hojuelas de chile seco, pimienta *sansho* triturada, cáscara de mandarina, jengibre seco, semillas de cáñamo negro, hojuelas pequeñas de *nori* y ajonjolí banco. Es un ingrediente clave en muchas recetas de este libro, pero es particularmente bueno espolvoreado sobre palomitas con mantequilla; consulte la receta en la página 24.

SHIRATAKI. *Ver* Fideos *shirataki*.

SHISO. Perteneciente a la familia de la menta, la planta de *shiso*, conocida también como perilla en Occidente, es muy aromática y tiene un sabor único, entre la menta y la albahaca. Es de color morado o verde y debe utilizar sólo las hojas; la variedad morada se utiliza para dar color y sabor a los productos encurtidos y a las bebidas, mientras que la verde, más delicada, se usa como hierba aromática en muchas preparaciones, en el *tempura* y como decoración de sushis y *sashimis*. Los brotes de *shiso* se utilizan también como condimento o como elemento decorativo.

TEMPURAKO. *Ver* Harina para *tempura*.

TOFU. Cuajo de frijol de soya con alto contenido de proteína, calcio, hierro y vitaminas. Se comercializa en distintas formas y texturas, como suave, firme o frito.

WASABI. Raíz de la familia del rábano (*Wasabia japonica*) con un sabor similar al *horseradish*, pero menos astringente y picante. El *wasabi* fresco es costoso debido a que crece de manera salvaje en lagunas o cuerpos de agua profundos y fríos en las partes altas de las montañas. Se comercia en forma de pasta o de polvo. La primera es más recomendable, pues el polvo produce en ocasiones un sabor ligeramente amargo; asimismo, compre la pasta de *wasabi* que tenga el mayor porcentaje de *wasabi* real.

YUZU. Cítrico japonés (*Citrus junos*) muy aromático y con un sabor similar a una mezcla entre mandarina, limón y toronja, pero no muy dulce. Tanto la cáscara como el jugo se usan en una variedad de platillos salados y dulces.

YUZU KOSHO. Pasta elaborada con cáscara y jugo de *yuzu*, chile y sal. Esta pasta curada puede ser roja o verde, y solo se necesita una pequeña cantidad para obtener un sabor intenso y aromático. Existen versiones comerciales de *yuzu kosho*, pero también puede elaborarla consultando la receta de la página 232.

INGREDIENTES LATINOAMERICANOS

AÇAI. Nativo de Brasil, el *açai* es una baya redonda de 2.5 centímetros de diámetro, de color morado oscuro, similar a una uva pequeña y con menos pulpa. La pulpa del *açai* se comercializa congelada o en jugo y se utiliza como ingrediente de varios productos como bebidas, batidos, destilados; así como en cosméticos y suplementos alimenticios. En Brasil, se consume como *açai na tigela*. Tiene un sabor intenso y agridulce similar al de una zarzamora, con notas a vino tinto y un regusto a chocolate.

ACEITE DE PALMA O *DENDÊ*. Este aceite vegetal se obtiene del mesocarpio del fruto de la palma. Su color natural es rojo debido a su alto contenido de betacarotenos. Junto con el aceite de coco es uno de los pocos aceites vegetales saturados con una consistencia semisólida a temperatura ambiente; debido a su naturaleza vegetal no contiene colesterol.

AJÍ AMARILLO. Es el chile largo, delgado y de color amarillo anaranjado, el más utilizado en Perú. Es medianamente picante, similar a un chile serrano, y con un sabor ligeramente frutal y herbal. Generalmente se consume rebanado, sin semillas ni venas, y forma parte de varias preparaciones o como decoración. La pasta de ají amarillo aporta a los platillos un toque picante, un sabor frutal y un color amarillo tenue. Debido a que es un chile con un perfil organoléptico particular, sustituirlo es difícil. Si no puede encontrar pasta comercial de ají amarillo, consulte la nota de la página 87.

AJÍ PANCA. Variedad de chile seco de color rojo oscuro, que aporta un sabor ahumado a los platillos. Se comercializa como pasta. Aunque el sabor no exactamente el mismo, puede sustituirlo con chile chipotle. Si no encuentra la pasta, consulte la nota de la página 161.

AJÍ ROCOTO. Chile redondo de tamaño medio, muy picante. Su piel es gruesa y sus semillas son color negro. Normalmente es de color rojo, aunque también los hay amarillos y verdes.

CACHAZA. Conocida también como *aguardente* o *pinga*, es un destilado de jugo de caña de azúcar. Fuera de Brasil, donde se le considera el destilado nacional, se utiliza como ingrediente de diversas bebidas, siendo la *caipiriña* la más conocida.

CASSAVA. Conocida como yuca o mandioca, este tubérculo se utiliza mucho en las cocinas brasileña y peruana. Su piel es gruesa y de color café. Se cuece de forma similar a las papas, ya sea frita en forma de *chips*, en puré, o como ingrediente de estofado. Se comercializa también en forma de harina para preparar la famosa *farofa* brasileña.

CHILE JALAPEÑO. Chile de tamaño medio originario de México. Generalmente se consume fresco, que puede ser verde o rojo. El nivel de picante del jalapeño varía de medio a picante, dependiendo de la región y método con el que se cultive y de cómo se prepare. El picor, como en todos los chiles, se concentra en las venas y las semillas.

CUPUAÇU. Árbol originario de la selva tropical perteneciente a la misma familia del cacao. Se cultivan grandes extensiones en la selva colombiana, boliviana y peruana, y al norte de Brasil. La pulpa blanca del *cupuaçu* tiene un perfume único, similar al de cacao mezclado con piña.

GUANÁBANA. Fruta tropical es de la misma familia que la chirimoya y la papaya. Su sabor podría describirse como una combinación de piña con fresa, con sabores cítricos tenues que contrastan con el sabor cremoso que recuerda al coco o al plátano.

LÚCUMA. Fruta subtropical proveniente de los Valles andinos de Chile, Ecuador y Perú. En inglés se le conoce como *egg fruit* debido a la cáscara seca del fruto cuya textura es similar a la de un huevo cocido. La lúcuma tiene un ligero sabor a jarabe de maple y camote y es muy nutritiva. Pertenece a la misma familia del mamey, fruta que es un buen sustituto.

MANDIOQUINHA. Conocida en Brasil como *batata baroa* y en Perú como *virraca*, es similar a los tubérculos de la familia de las papas procedentes de los Andes. Su sabor es delicado y naturalmente dulce. Se utiliza mucho en la comida casera sudamericana. Es un excelente complemento de platos a base de carne, como la res salada de Brasil.

PALMITO. Verdura que se obtiene del corazón del cogollo de algunas palmeras. Los palmitos se pueden comer solos, aunque normalmente, se sirven en ensaladas o se utilizan en rellenos para pays.

PASTA DE AJÍ AMARILLO. *Ver* Ají amarillo.

PASTA DE AJÍ PANCA. *Ver* Ají panca.

PICAÑA. El corte de carne más popular en Brasil donde se le conoce como *picanha*; se obtiene de la parte superior del *sirloin* y del aguayón; es un corte triangular con una capa de grasa. Como no es un músculo muy activo durante la vida del animal, la carne es suave y tierna. En Brasil, churrasco y picaña son casi sinónimos.

QUINOA. Existen dos tipos de quinua o quinoa, ingrediente ideal si no desea consumir gluten: roja y blanca. Ambas son ligeramente amargas cuando se cuecen, y mientras están en este proceso, se revientan y se suavizan. Se cultiva en Perú, Chile y Bolivia desde hace miles de años, por lo cual es el alimento base de su población nativa.

RAPADURA. Conocida también como panela o piloncillo, consiste en trozos de azúcar de caña sin refinar. Se consume en toda Latinoamérica con diferentes nombres. Es un bloque sólido de sacarosa derivada del hervido y la evaporación del jugo de caña de azúcar.

INGREDIENTES EUROPEOS

BACALAO. El ingrediente icónico de la cocina portuguesa, también es popular en Galicia y en antiguas colonias portuguesas como Brasil, Cabo Verde, Angola, Macau y Goa. El bacalao que se vende seco se debe desalar sumergiéndolo en agua fría entre 24 y 48 horas antes de consumirlo. Su textura es firme y su sabor salado y a umami; en Europa, el bacalao se utiliza como ingrediente tanto en comida casera como en platillos más elaborados.

FOIE GRAS. Hígado graso de pato o de ganso; los mejores *foie gras* vienen de la región de Landes en Francia. En los últimos años, la forma tradicional de alimentar a los patos y los gansos destinados para hacer *foie gras* ha recibido muchas críticas negativas; recomiendo que busque un producto que sea amigable con los animales. Es mejor que compre los trozos grandes en lugar del paté.

PIMIENTOS DE PADRÓN. Pimientos originarios de la región de Padrón, en la provincia de La Coruña, en el noroeste de España. Son pequeños, de aproximadamente 5 centímetros de largo, con tonos de color verde oscuro a verde amarillento. Usualmente el nivel de picor de estos chiles es medio, aunque 1 de cada 10 chiles es extremadamente picante. En Japón, un chile similar llamado *shishito* es muy popular como botana en los bares japoneses o *izakaya*.

SAL DE MALDON. Sal proveniente del estuario del río Blackwater, en el municipio de Maldon, en el condado de Essex, Inglaterra. Es una sal muy pura que se utiliza como condimento en restaurantes de manteles largos. Para su elaboración se emplean métodos y técnicas tradicionales utilizadas por los romanos y los sajones. Forma unos cristales suaves en forma de hojuelas de tamaño medio. A pesar de su precio elevado, vale la pena utilizarla siempre que pueda para darle un sabor delicado y balanceado a sus platillos.

Existen algunos utensilios y equipo que son esenciales en la preparación de varios platillos de este libro. A continuación los más importantes.

EQUIPO Y UTENSILIOS

ARROCERA O MÁQUINA PARA HACER ARROZ. Utensilio esencial para la cocina nikkei, y en general, de la cocina oriental; con una arrocera obtendrá siempre un arroz perfecto sin esfuerzo. Es recomendable comprar una con tapa que tenga cierre de clip y con válvula para dejar salir el vapor, así como con un cronómetro. También sirve para mantener caliente el arroz hasta que sea momento de servirlo. Una buena máquina podrá durarle años funcionando a la perfección.

BARRIL DE SUSHI. Conocido en japonés como *hangiri* o *handai*, consiste en un recipiente de madera sin barniz, redondo y bajo, con una base plana. El barril se utiliza en los pasos finales de la preparación del arroz para sushi. Es esencial para la elaboración de sushi, aunque puede sustituirlo con cualquier recipiente que cumpla con las mismas características o con una tabla para picar grande de madera.

ESPÁTULA DE MADERA. Es una cuchara larga y plana que se conoce como *shamoji* en japonés; se utiliza para servir arroz, así como para mezclar con movimientos envolventes el arroz al momento de enfriarlo y sazonarlo. Las tradicionales son las de bambú, aunque también existen de plástico.

ESTERILLA O TAPETE PARA SUSHI. Conocido como *makisu* en japonés, es un tapete hecho de bambú que se utiliza para enrollar sushi. También es útil para darle forma a ciertas preparaciones, como los *tamagoyaki*, y para escurrir el exceso de líquido del tofu. Después de utilizarlos, se tienen que lavar y secar bien para evitar la proliferación de bacterias.

OLLA DE PRESIÓN. Cualquier olla de presión le ayudará a ahorrar tiempo y energía. En mi cocina, considero que una olla de presión eléctrica y grande es indispensable, ya que disminuye hasta en un tercio el tiempo de cocción.

SARTÉN PARA *TAMAGOYAKI*. Sartén indispensable para preparar *tamagoyaki*, una especie de *omelette* japonés formado por varias capas; consulte la receta en la página 32.

BIBLIOGRAFÍA

Fuentes consultadas por el autor para la sección ¿Qué es la cocina Nikkei?:

• Acurio, Gastón, *La cocina Nikkei*, Las Cocinas del Perú, El Comercio, 2006.

• Arai, Jhony y Ferreira, Andreia, *Guia da Cultura Japonesa no Brasil*, Editora Japan Brazil Communication, 2004.

• Handa, Tomoo, *O migrante Japonês: História de sua vida no Brasil*, T.A. Queiroz Editor Ltda., Centro de Estudos Nipo-Brasileiros, 1987.

• Saito, Hiroshi, *O Japonês no Brasil, Estudio de Mobilidade e Fixação*, Fundação Escola de Sociologia e Política de São Paulo, 1961.

• Sociedade Brasileira de Cultura Japonesa, *Uma Epopéia Moderna: 80 Anos de Imigração Japonesa no Brasil*, Editora Hucitec, 1992.

• Tsumura, Mitsuharu y Barrón, Josefina, *Nikkei es Peru*, Telefónica, 2013.

ÍNDICE DE RECETAS POR SECCIÓN

ÍNDICE DE RECETAS POR ORDEN ALFABÉTICO

ÍNDICE POR INGREDIENTES

AGRADECIMIENTOS

Existe un gran número de personas con las que estoy en deuda, ya que sin ellas este libro no hubiera sido posible. Primero que nada quisiera agradecer a mi compañera Gerald Coakley por todo su apoyo y motivación durante estas dos últimas décadas.

Agradezco infinitamente a Fritha Saunders por haber descubierto al autor que vivía en mí durante su visita a mi club; así como a Jacqui Small por creer en la cocina nikkei. Muchas gracias al "equipo nikkei": la editora Nikki Sims, las fotógrafas Lisa Linder y Fiona Kennedy, la estilista Cynthia Inions y la directora de diseño y arte Manisha Patel. Son un grupo de increíbles profesionales con quienes he tenido la fortuna de trabajar.

Para escribir este libro fue necesario investigar y corroborar datos; agradezco a varios miembros de mi familia por su invaluable ayuda con esta tarea: a mi hermano y fotógrafo Ricardo Hara (www.ricardohara.com.br) y a su esposa Ana Paula Hara por las fotografías de las páginas 12 y 13. A mi prima Caroline y a mi tía Yoshiko Hara por compartir sus historias y fotografías de familia. También quisiera agradecer a mi madrastra Lourdes Hara y mi hermana Natasha por su ayuda rastreando material acerca de la familia (páginas 7-9).

Estoy totalmente en deuda con Ana Hasegawa de la Asociación Peruano-japonesa en Lima, quien me permitió acceso ilimitado a sus imágenes sobre migración japonesa; algunas aparecen en las páginas 7 (arriba a la derecha), 8 (arriba a la izquierda; en medio a la derecha) y 9 (abajo a la izquierda). Obtuve mucha ayuda y recomendaciones de Celia Abe Oi, del Museo De Migración Japonesa en São Paulo, Brasil, quien me compartió información invaluable para este libro sobre las primeras migraciones nikkei y la vida en Sudamérica.

Conocer a Reiko Hashinomoto en 2005 durante mis días en la banca de inversión fue un catalizador de mi futura carrera dentro de la cocina japonesa y nikkei. Siempre ha sido una inspiración para mí; me enseño mucho sobre la comida de mis antepasados, sus sabores y técnicas; así como las complejidades de la naturaleza humana.

Gracias a mis compañeras del Cordon Bleu, las chefs Patricia Cochoni y Natasha Mangla por su asistencia invaluable durante las sesiones de fotografía.

El editor y yo queremos agradecer a los siguientes chefs por compartirnos sus recetas nikkei, a quienes en su mayoría tuve el placer de conocer durante el proceso de investigación de este libro:

- De São Paulo: Adriano Kanashiro, de Momotaro; Tsuyoshi Murakami, de Kinoshita, y Shin Koike, de Sakagura A1.

- De Lima: Toshiro Konishi, de Toshiro's; Hajime Kasuga, de Le Cordon Bleu, y Mitsuharu Tsumura, de Maido.

- De Barcelona: Jorge Muñoz y Kioko Li, de Pakta.

- De Estados Unidos: Diego Oka, de La Mar by Gastón Acurio, en el hotel Mandarin Oriental de Miami, y Pedro Duarte, de SUSHISAMBA en Nueva York.

- De Londres: Jordan Sclare y Michael Paul, de Chotto Matte.

Por último, pero no por ello menos importante, quisiera gradecer a los comensales, equipo de trabajo y voluntarios que han asistido y participado en mi club de cocina nikkei y japonesa, así como en mis clases de cocina. Ellos han apoyado mi trabajo desde que dejé el mundo de la banca de inversión hasta ahora, y a muchos los considero ahora grandes amigos. ¡No lo hubiera podido hacer sin ustedes!

Equipo Nikkei